야고보서 강설

야고보서 강설

초판 발행	2025년 3월 19일
지은이	한양훈
발행인	한뿌리
총괄	이소진
펴낸곳	有하
등록	2014년 4월 24일 제 2016-000004호
주소	서울 강서구 공항대로334 백상빌딩 7층
전화	02-2663-5258
팩스	02-2064-0777
저자 연락처	010-3394-5257, 010-8357-5257
	이메일 hyh530205@naver.com
인쇄	인스 P&B

값 16,000원

ISBN 979-11-85927-53-4

야고보서 강설

한양훈 지음

有하

차 례

3장

4장

5장

머리말

저는 개인적으로 성경 66권 중에서 야고보서를 아주 좋아합니다. 그것은 야고보서가 행함을 강조하기 때문입니다. 저의 10대 시절, 즉 1960년대에 한국교회가 급성장하였는데 이때 구원에서 믿음과 행함 중 어떤 것이 더 비중이 있는지에 대해 관심이 많았습니다. 그 시절, 저는 다니던 교회의 목사님과 많은 부흥사의 설교를 듣고 믿음을 키웠습니다. 그런데 말씀이 선포되는 자리마다 예수님을 주로 고백하고 믿으면 즉시 구원받는다는 것과 일단 구원받은 백성이 되면 영원히 구원받는다는 말을 늘 들었습니다. 만약 행함도 구원에 영향을 준다고 말했다가는 기독교 신앙에서 벗어나는 분위기였습니다. 그때 제가 의문을 품은 것은 저와 한 교회를 다니던 청소년과 청년 중 많은 수가 제대로 신앙생활을 하지 않는 모습 때문이었습니다. 그들은 교회에 충성하거나 봉사하는 것은 고사하고 교회 출석도 부실했습니다. 게다가 음주, 흡연을 비롯해 경건하지 않은 많은 행동을 서슴없이 하면서도 자신들이 천국에 간다고 확신했습니다. 이러한 현상은 제가 20-30대가 되어서도 교회 안의 바뀌지 않는 풍경이었습니다. 이런 모습을 보며 저는 구원받는 조건이 믿음인지 행함인지에 대해 깊은 고민에 빠졌고, 다른 많은 그리스도인도 이 질문의 정답이 필요했을 것입니다. 저는 개신교가 루터가 외쳤던 '오직 믿음, 오직 성경'을 바로 인식하지 못한 것이 아닌가

하는 생각을 많이 하였습니다. 특히 "이와 같이 행함이 없는 믿음은 그 자체가 죽은 것이라"(약 2:17)라는 말씀이 저의 심장을 때립니다. 저는 이 구절을 마음에 새기고 지금까지 살아왔습니다. 그리고 구원받는 믿음이 되기 위해 말씀대로 실천하려고 무던히 애를 썼습니다.

스무 살에 신학교에 들어가서 지금까지 교회를 섬겨왔는데, 이제 야고보서의 의미를 확실하게 드러내고 싶은 마음이 우러나왔습니다. 왜냐하면 여전히 죄를 회개하거나 성결한 삶을 살지 않고서도 천국에 간다고 철석같이 믿고 있는 사람들을 자주 만나기 때문입니다. 저는 그런 사람들이 무언가에 속고 있을 것 같다는 불길한 생각을 합니다. 성도는 성경에서 답을 얻어야 하는데, 그중 야고보서야말로 그리스도인의 믿음 생활에 대해 명확히 보여주고 있다고 생각합니다. 진실로 천국을 바라보며 예수 그리스도를 섬기는 이들과 야고보서를 공유하고 싶습니다. 이 책이 나오기까지 수고한 저의 비서 이소진 전도사 그리고 신정희 전도사, 박수지 자매에게 마음을 다해 감사드립니다.

> "네가 죽도록 충성하라 그리하면 내가 생명의 면류관을 네게 주리라"(계 2:10).

2025년 3월 19일 생일에

한양훈 목사

서론

야고보서는 성경 중에서 행함을 가장 강조한 책이라고 볼 수 있습니다. 야고보서를 잘못 이해하면 행함으로 구원받는다는 의미가 담겨 있는 것은 아닌지 염려가 될지도 모릅니다. 그러나 구원에 대해 성경이 한 군데에서만 말한 것이 아니고, 여러 곳에 기록되었으므로 종합적으로 살펴보고 판단해야 해석에 오류가 없습니다. 루터가 행함을 강조한 가톨릭에 대항하며 종교개혁을 하면서 "오직 의인은 믿음으로 말미암아 살리라"는 말씀을 중심으로 믿음으로 구원받는 것을 강조하였습니다. 그래서 루터는 성경 중에서 행함을 강조하고 있는 야고보서를 부담스럽게 여겼습니다. 장로교의 창시자로 칭해지는 장 칼뱅은 성경 전체를 주석하여 발간하면서도 요한계시록만은 주석을 하지 않았습니다. 아마도 영적 내용이 많은 요한계시록을 부담스럽게 생각했던 듯합니다. 교회사적으로 유명한 인물들도 성경 전체를 정경으로 받아들이는 데 부담을 느낄 수 있습니다. 그러나 우리는 창세기부터 요한계시록까지 모든 성경을 하나님의 말씀으로 받아들이고 철저하게 믿어야 합니다. 그래서 야고보서도 한 절 한 절을 주의 깊게 묵상하고 말씀하신 대로 순종해야 합니다.

야고보서의 저자는 사도 야고보입니다. 성경에는 총 네 명의 야고보가 등장하는데, 이 성경을 쓴 야고보는 열두 사도 중 세베대의 아들 야고보입니다(뱅겔). 주님은 베드로, 야고보, 요한을 가장 가까이하셨습니다. 야고보는 초대교회의 중심인물이었습니다(마 17:1, 26:37). 그는 주로 예루살렘과 팔레스타인, 수리아에서 사역했고, 아마도 예루살렘에서 야고보서를 기록했을 것입니다. 다른 한편으로는, 예수님의 형제인 야고보가 야고보서의 저자라는 의견도 많습니다. 그러나 사도 야고보가 가장 가능성이 높고, 그는 "왕 같은 제사장"(벧전 2:9)이라는 칭호를 받을 만한 수준 있는 사도로 보입니다. 그런데 헤롯 왕이 유대인들의 비위를 맞추려고 사도 야고보를 죽였습니다(행 12:2, 도널드 거스리, 마이클 윌킨스). 그는 열두 제자 중 최초의 순교자입니다. 야고보의 어머니가 예수님의 어머니인 마리아의 자매 살로메였기에 야고보는 주님과 이종사촌입니다(마 27:56). 그리고 사도 요한의 형이기도 합니다. 이렇게 주님이 제자 중 가장 아끼신 삼총사인 베드로, 야고보, 요한은 모두 성경의 한 부분씩을 감당했습니다.

야고보서는 1절에서 말한 것 같이 야고보가 흩어진 열두 지파에게 문안하려고 쓴 편지입니다. "흩어진 자"는 그 당시 사방에 흩어져 살던 유대인의 별명이었습니다. 그들은 처음에 포로로 잡혀 바벨론으로, 다시 알렉산더와 프톨레미에 의해 애굽으로, 안티오커스 때에는 바벨론에서 소아시아로 이주했습니다. 주전 63년에는 폼페이가 예루살렘에서 포로를 잡아 로마로 보내기도 했습니다. 그리고 개개인이 여러 나라로 흩어져 거주했습니다. 또한 예수 그리스도를 믿는다는 이유로 박해를 받아 여기저기로 흩어진 사람들도 염두에 둔 것으로 생각할 수 있습니다.

성도들은 로마, 애굽, 바벨론, 소아시아 등 각 지역으로 흩어져 살았는데, 10-20명, 혹은 100-200명씩 모여 공동체를 형성했습니다. 초대 교회 성도들은 환란과 어려움을 당했지만, 어디에 있든지 집단으로 신앙생활을 이어갔습니다. 그래서 야고보서가 그들의 믿음을 칭찬하고, 더욱 열심히 신앙생활을 하도록 격려하는 내용일 것 같지만, 실제로는 정반대입니다. 편지에 그 이유가 담겨 있는데, 그들의 공동체 안에서 큰 문제가 생겼기 때문입니다. 야고보는 공동체의 문제를 정확하게 분석하여 적나라하게 지적한 뒤, 문제를 고칠 것을 강한 어조로 명령합니다.

성도는 균형 잡힌 신앙생활을 해야 합니다. 영성을 추구하는 사람이 말씀 연구에 게으르고, 말씀을 귀히 여기는 사람이 기도에 소홀한 경우가 다반사입니다. 또한 몸으로 헌신하는 사람이 영성에는 약해지기도 합니다. 성도는 기도, 말씀, 인격, 삶에서의 실천이 모두 다 중요하다는 것을 인정해야 합니다. 이 땅에 거주하는 동안 우리는 사회 규범이나 상식, 공동체의 규칙을 무시하면서 살 수 없습니다. 교회, 가정, 직장, 사회는 다 중요합니다. 또 자신이 섬기는 교회만이 아니라 다른 교회도 소중합니다. 그래서 성도는 폭넓은 마음을 가져야 합니다. 자기중심의 편협한 사상은 모두에게 피해를 줍니다. 그러므로 믿음과 행실이라는 쌍두마차를 잘 이끌어야 합니다. 야고보서는 선한 행위에 대한 책이 아니라 참된 믿음에 대한 책입니다(댄 매카트니). 야고보서에 나오는 경고와 질책의 말씀을 보고 자신의 믿음을 점검하는 기회로 삼아야 합니다.

JAMES

1장

시험과 인내

1절 "하나님과 주 예수 그리스도의 종 야고보는." 야고보는 자신을 "하나님과 주 예수 그리스도의 종"이라고 소개합니다. 그는 예수 그리스도를 직접 보고 겪은 사람으로서 자신을 이렇게 소개할 자격이 있습니다. 야고보는 예수 그리스도가 이 땅에서 사역하시는 현장에 사도로서 함께 있었습니다. 그리고 주님이 행하신 모든 것을 몸으로 경험했습니다. 또한 자신이 육신으로는 예수님과 친척 관계이기도 하지만 하나님의 종이고, 동시에 주님을 높이는 마음으로 "예수 그리스도의 종인 야고보"라고 소개할 수 있었습니다. 주님은 부활하신 뒤 특별히 야고보 개인에게 나타나셨습니다(고전 15:7).

여기서 말한 "종"은 고대에 남의 집에 매여 일하던 노예와 같은 의미입니다. 그 당시 종은 자신의 성(姓)이나 재산을 가질 수 없고, 자신에 대해 어떤 권한도 행사할 수 없었습니다. 그러므로 야고보가 자신을 종이라고 표현한 것은 주님과의 관계를 그만큼 무겁게 여기고 자신의 위치를 설정했다고 볼 수 있습니다. 자신은 철저하게 주님의 종으로 살겠다는 의지의 표현인 것입니다. 많은 성도가 교회 안에서 자신을 주의 종이라고 칭하지만, 정말 자신의 모든 것을 내려놓고 주인의 뜻에 따라 일하며, 자신의 권한을 다 포기한 '종'이 얼마나 될지 두렵습니다. 그런 의미에서 '주의 종'이라는 말을 너무 쉽게 사용하는 것 같습니다. 야고보가 자신의 종 됨을 글로 남긴 것은 증거가 됩니다. 만약 그가 그렇게 살지도 못하면서 과장하여 말했다면, 이 글을 읽은 많은 교회사적 인물들에게 이미 비난받았을 것입니다.

"흩어져 있는 열두 지파에게 문안하노라." 초대교회 당시 헤롯의 박해가 심해지자 예루살렘과 유대에 거주하던 성도들이 안디옥을 비롯해 여러 지역으로 피신해 흩어졌습니다(참조. 행 11:19). 유대인은 많은 이유로 흩어져 살았습니다. 예수님이 오시기 전부터 이스라엘은 로마의 속국이었는데, 나라의 상황이 좋지 않아 많은 유대인이 다른 나라로 떠났습니다. 그러므로 흩어져 있던 유대인이 모두 다 박해를 피해 떠난 그리스도인은 아니었습니다. 야고보는 예수님을 믿다가 박해를 받아 흩어진 사람에게만 이 편지를 쓴 것이 아니라, 여러 이유로 흩어진 열두 지파에게 쓴 것이라고 말합니다. 흩어진 모든 유대인을 포용하는 말입니다. 그는 모든 유대인이 이 편지의 내용을 알아야 한다고 생각했기 때문에 이렇게 말했습니다. 유대인은 야곱의 열두 지파이며, 그들이 모두 하나님을 믿는다면 자신이 쓴 글을 꼭 읽고 숙지하라는 의미입니다. 하나님의 사명을 실천할 때는 이렇게 폭이 넓은 것이 좋습니다.

2절 **"내 형제들아."** 사도 야고보는 흩어져 사는 모든 유대인을 "내 형제들"이라고 칭합니다. 그들에게 친근히 다가가는 것입니다. 이제부터 야고보의 가르침이 시작되는데, 그는 돌려서 말하지 않고 직선적으로 확실히 말하는 성격의 사람이었습니다.

"너희가 여러 가지 시험을 당하거든 온전히 기쁘게 여기라." 이것은 흩어져 있는 유대인 중에서도 예수님을 믿음으로 고난당하고 있는 사람들을 한정 지어 말하는 것입니다. 그는 첫머리에서 폭넓은 의미의 대상에게 인사했지만, 사실 이 글은 좁은 의미로 예수님을 믿는 성도들에게 하는 것이라고 분명히 규정하는 것입니다.

'시험'(헬, 파이라스모스, πειρασμός)의 종류는 여러 가지입니다. 경제적 문제, 건강의 문제, 믿음의 문제, 직장의 문제 등 여러 가지 시험이 있습니다. 거짓 교사들로 인하여 믿음이 흔들릴 수도 있고, 동족들에게나 이방인들에게 핍박당할 수도 있습니다. 이 외에도 성도에게 닥치는 시험은 다양합니다. 주님을 섬기려고 한다면 시련에 대비해야 합니다(요한 크리소스토무스). 시험은 두 가지 큰 부류로 정의할 수 있습니다. 하나는 하나님이 하시는 신앙 테스트입니다. 이는 우리 자신의 잘못으로 인한 시험이 아닙니다. 이 시험의 목적은 우리 속에서 모든 불순물을 추방하고, 자신의 성격 중에서 필요 없는 것을 소각하며, 우리를 깨끗하게 하고 순화시키려는 것입니다(바클레이). 또 다른 시험은 마귀가 주는 유혹입니다. 우리가 죄를 지었기 때문에 마귀가 틈탈 빌미를 주어서 마귀가 공격하는 것입니다.

야고보가 이 부분에서 말하는 시험은 성도가 죄를 지어 마귀에게 당하는 시험이 아니라, 하나님이 우리의 믿음을 점검하시려고 하는 시험입니다. 성도가 예수님을 그리스도로 영접하고 충성하는 도중에 여러 시험을 당할 때는 그의 죄 때문이 아닌 것입니다. 하나님이 성도의 모든 상황을 지켜보시다가 시험을 잘 통과하면 복을 주실 것이기 때문에 기쁜 마음으로 시험을 이겨야 합니다. 좋은 결과를 얻기 위해 거쳐야 할 과정이므로 우리는 시험을 기쁘게 여길 수 있습니다(최영기).

시험은 보통 예수님을 믿기 시작한 지 얼마 되지 않은 초신자에게 많이 닥칩니다. 예수님을 오래 믿은 사람에게는 시험이 뜸하고, 시험이 오더라도 그 강도가 약하여 잘 극복할 수 있습니다. 초신자에게 시험이 많은 것은 하나님의 시험도 있지만, 마귀의 공격이 같이 오는 경우가 종종 있기 때문입니다. 그들은 자신과 또는 가족과 관계된 죄들이 아직 해결되지 않은 상태여서, 죄를 근거로 한 마귀의 공격이 강력할 수밖에 없습니다. 회개하지 않은 죄들이 마귀가 공격하는 통로가 되기 때문입니다. 또 자신이 아직 내려놓지 못한 세상에 속한 잡다한 것이 많이 남아서, 그것이 빌미가 되어 허를 찔리기 쉽습니다. 그리고 아직 견고한 믿음에 서 있는 상태가 아니기에 하나님이 그의 믿음을 조금씩 연단하시기도 합니다. 사실, 초대교회는 그런 이유로 핍박을 많이 받은 것입니다. 성도의 눈으로 볼 때는 그리스도인의 숫자가 매일 증가하여 기쁘지만, 마귀의 입장에서는 자신의 손안에 있던 소유물들이 빠져나가는 비상사태가 발생한 것이므로 발악하며 반격한 것입니다. 그런데 예수님을 믿기 시작한 사람이 시험을 당하면 "내가 예수님을 믿는 것이 잘못된 것인가?" 하는 회의가 들면서 중도에 믿음을 포기하는 경우가 생깁니다. 그러나 이런 기회가 믿음의 그릇을 단단하게 하고 확장시킵니다. 구원의 길을 가는 성도에게 닥치는 도전은 만만치 않습니다. 단단한 철이 불을 통과하듯이, 의인은 시험을 통해 드러나는 것입니다(토마스 아 켐피스).

"온전히 기쁘게 여기라." 이것은 기쁨이 충만한 상태를 말합니다. 예수님을 믿는 것 때문에 비난받거나 직장에서 쫓겨나거나 동굴에 숨어 살게 되는 등 삶이 엉망진창이 될 때, 신세 한탄을 하거나 불평과 원망의 마음을 갖는 것은 금물입니다. 자신의 죄 때문에 당하는 환란과 어려움이라면 부끄러워하고 슬퍼하는 것이 마땅하지만, 예수님을 진실하게 믿는 것 때문에 당하는 박해이므로 오히려 주님께 감사하면서 기뻐해야 합니다. 주님이 우리의 모든 형편을 다 아시고 좋은 것으로 보상해주실 것입니다. 또한 장차 하늘에서 영광스러운 자리에 들어갈 것을 기대하면서 기쁨으로 이겨내야 합니다. 이런 삶의 태도를 가져야 믿음이 더욱 견고해지고 성장합니다. 믿음의 인물들도 이럴 때는 시험당하는 것을 기뻐하기 위한 기회로 여겨야 한다고 말씀합니다. 만일 갖가지 유혹에 빠졌을 때 그 모든 것을 기쁨으로 여긴다면, 우리는 기쁨을 낳아서 하나님께 예물로 바치는 것입니다(오리게네스).

3절 "이는 너희 믿음의 시련이 인내를 만들어 내는 줄 너희가 앎이라." "믿음의 시련"은 믿음이 공격을 받아 흔들리는 것을 말합니다. 성도의 믿음에 외부의 자극이 가해지는 것입니다. 쑤시고 두드리는 것을 잘 견뎌내면 인내가 만들어진다는 것입니다. 시련을 겪기 전에는 단순한 믿음이었는데 시련을 겪고 나서는 인내로 연단된 견고한 믿음이 됩니다. 처음 맺힌 어린 수박은 껍질이 단단하지 않지만, 햇빛과 비바람을 맞으며 자라는 동안 껍질이 두껍고 단단해지게 되는 것과 같은 이치입니다. 그러므로 장성한 믿음은 외부에서 어떤 공격이 와도 막아낼 수 있는 요새와 같습니다. 또 넓적한 놋 조각을 망치로 두드려서 꽹과리를 만드는데,

처음에는 일개 놋 조각에 불과하지만 계속 두드리면서 둥그런 모양으로 만듭니다. 이때 수천 번의 망치질을 해야 하는데, 처음 놋 조각을 두드리면 소음이 나지만, 나중에는 악기인 꽹과리로 변신하여 맑은 소리가 울려 퍼지게 됩니다. 또 찹쌀을 삶아서 절구에 넣고 절구 방망이로 계속 찧어야 찹쌀이 으깨져 서로 합쳐지면서 쫄깃한 찰떡이 됩니다. 모양과 맛이 처음과 완전히 달라지는 것입니다. 시련을 인내로 이겨낸 믿음도 이와 같습니다.

성도는 하나님이 믿음을 주셨으므로 모두 다 믿음을 소유하고 있습니다. 성령이 믿음의 씨앗을 가슴에 넣어주셔서 예수님을 구주로 믿게 된 것입니다. 이 믿음은 내면에서 자라는데 어떤 사람은 빨리 성장하고, 어떤 사람은 더디게 성장합니다. 주님은 이것을 비유로 알려주셨습니다. 씨를 뿌리는데 어떤 씨는 길가에, 어떤 씨는 돌밭에, 어떤 씨는 가시떨기에, 어떤 씨는 좋은 땅에 뿌려졌다고 하셨습니다(마 13:18-23). 사람마다 마음의 밭이 다르다는 뜻입니다. 마음에 좋은 밭을 소유한 사람은 그 씨가 잘 성장해서 열매를 많이 맺습니다. 그러나 열매를 맺으려면 비와 바람 등 모진 풍파를 겪어야 합니다. 마찬가지로 믿음이 시련을 겪고 고통을 받을지라도 오랜 시간이 흐르면 더 수준 높은 믿음의 사람이 됩니다. 노지에서 자란 열매와 온실에서 자란 열매는 그 맛과 향기에서 큰 차이가 납니다. 시련을 겪고 인내를 만들어낸 믿음은 노지에서 자란 품질이 좋은 열매와 같습니다.

시험을 빠르게 극복한다면 이전보다 더 큰 인내력을 갖게 되며, 더 어려운 전투가 벌어져도 이길 수 있는 능력을 얻을 수 있습니다(바클레이). 쇠가 강철이 되려면 불과 물에 수차례 들락거리며 담금질도 당하고 망치질도 당해야 합니다. 담금질을 많이 할수록 쇠가 강해지기 때문에 강도가 강한 쇠와 연한 쇠가 있는 것입니다. 누구에게나 믿음은 있지만, 비바람과 고통과 시련을 잘 통과해야 강력한 믿음이 됩니다. 그러므로 그리스도를 믿는 신앙으로 인해 시련을 겪을 때 억울하게 생각하지 말고, 감사하며 기뻐해야 합니다.

야고보는 "인내를 만들어 내는 줄 너희가 앎이라"라고 하였습니다. 인내는 마비된 것이 아니라 활동적입니다(매튜 헨리). 이미 많은 성도가 믿음의 시련을 겪고 인내를 만들어내어 강력한 믿음을 소유한 사람이 즐비했기 때문에 야고보는 그들을 격려하고 있습니다.

4절 "인내를 온전히 이루라." 이는 믿음의 시련을 겪고 이겨내어 믿음이 강해졌어도 일시적인 성취에 머물지 말고, 그것을 계속 유지하고 성장해가며 강한 믿음의 사람으로 살아야 한다는 것입니다. 그래야 인내하는 사람으로 인정받습니다. 불굴의 인내가 있을 때 역경이 닥쳐와도 믿음을 지킬 수 있습니다(보나벤투라).

"이는 너희로 온전하고 구비하여 조금도 부족함이 없게 하려 함이라." 믿음에도 부족하고 연약하며 완성되지 않은 믿음이 있고, 온전하고 강하며 완성된 믿음이 있습니다. 즉, 시련과 고통을 비롯해 여러 시험을 당할 때 그것을 잘 통과한 사람은 강력하고 온전한 믿음의 소유자로 인정받을 수 있다는 것입니다.

군대에 가면 훌륭한 병사가 되기 위해 구보, 사격, 총검술, 유격, 화생방 등의 훈련을 받습니다. 특히 화생방은 정말 힘든 훈련입니다. 가스가 자욱한 밀폐된 실내에 마스크를 쓰고 들어가서는 일정 시간 마스크를 벗은 채 참고 견디는 훈련입니다. 당장이라도 호흡 곤란이 일어나 실신할 것 같은 괴로움을 당하지만, 이것을 통과해야 합니다. 이렇게 여러 가지 혹독한 훈련의 전 과정을 인내해야 인정받는 군인이 되는 것입니다. 믿음 생활도 마찬가지입니다. 자신에게 믿음이 있다고 주장한다고 해서 인정받을 수 있는 것이 아닙니다. 정상적이며 성숙한 믿음인지를 확인하는 여러 단계의 과정이 필요합니다.

시련을 겪지 않은 믿음은 인정받을 수 없습니다. 믿음은 언제든지 어떤 계기에서 나락으로 떨어질 수도 있고, 반대로 성장할 수도 있습니다. 과거에는 신앙고백을 하고 교회에 출석했지만, 현재는 예배에 참석하지 않는 사람이 많습니다. 그들도 처음에는 믿음의 씨앗이 있었지만, 작은 유혹과 환란을 견디지 못하고 말라버려 그런 처지가 된 것입니다. 안타까운 일이지만, 그리스도의 사랑과 구원에서 멀어진 것은 자기 탓입니다. 시련을 이겨내고 주님 앞에 아름답고 당당하게 서는 온전한 믿음, 즉 인내를 만들어낸 믿음을 자신이 만들고 소유해야 합니다. 그래서 세상이 교회를 핍박하고 흔든다고 해도 휘둘리지 않고 집념을 가지고 자신의 길을 달려가야 합니다. 그래야 구원받는 성도가 됩니다. 주님은 우리가 그런 수준 높은 성도가 되기를 원하십니다. 이렇게 단련된 인내가 있을 때 성도는 옳은 길을 끝까지 달려가 신앙 인격이 온전함(구원)에 이르게 됩니다(마 24:13, 박윤선).

지혜는 믿음으로 구하라

5절 "너희 중에 누구든지 지혜가 부족하거든." 야고보가 흩어져 있는 성도들을 향해 말합니다. 그들은 어려운 환경에서 살고 있을 것입니다. 그런 그들에게 야고보는 지혜 이야기를 꺼냅니다. 직장에서 해고된 사람, 경제적으로 어려움을 겪는 사람, 핍박을 피해 숨어 사는 사람들에게 필요한 것이 앞에서는 인내라고 했는데, 이번에는 '지혜'라고 말합니다. 지혜는 삶의 지혜도 있고, 공동체를 잘 섬기는 지혜도 있습니다. 지혜가 있을 때 모든 행함에서 좋은 결과를 맺습니다.

외국에 여행을 가거나 일시적으로 거주하는 경우, 의사소통이 원활하지 않거나 외국인이라고 바가지를 씌우거나 홀대당하는 등 여러 불의한 일을 겪기도 합니다. 만일, 부정적인 일을 겪으면서 그런 관습이나 행동을 바르게 고치겠다고 시도하는 것은 매우 위험합니다. 이방인이 타국에서 자신이 받아들이기 어려운 그 나라의 문화와 관습에 부딪힐 때 적당히 받아주고 맞춰주는 융통성이 필요합니다. 또한 소매치기가 활개 치는 지역이나 범죄자가 득실거리는 우범 지역은 피해야 합니다. 더욱이 기독교를 박해하는 지역에 가게 된다면 신변의 안전을 최우선으로 삼아야 합니다. 그리고 신변 노출을 피하고 최대한 현지인이나 노숙자처럼 행세하면서 노련하게 행하는 것도 일종의 지혜입니다.

야고보서의 수신자인 흩어져 살던 성도들은 타국에서 생활하고 있으므로 자신들의 생명을 보호하기 위해 안전에 힘써야 합니다. 예를 들어, 기독교를 압박하는 나라에 갔을 때 아무리 주일예배가 중요하더라도, 치안 관계자들이 불법 행위로 판단하고 체포조가 급습할 때에는 재빨리 그 현장을 떠나 안전한 곳으로 피하여 예배드려도 됩니다. 그런데 주일 11시 예배를 고수하면서 예배 장소에 그대로 머무르며 잡혀도 좋다는 태도로 일관한다면 이는 무모한 것입니다. 그렇게 하면 겉보기에는 믿음이 투철한 신앙인으로 보이지만, 그런 처신은 지혜가 부족하고 융통성이 없는 것입니다. 어디를 가든지 박해를 받고 여러 문제를 겪는 상황에서는 시의적절하게 행하는 지혜가 필요합니다. 무엇보다 어떻게 하면 자신이 말씀대로 살 수 있고 믿음이 성장할 수 있을까에 대해 깊이 성찰해야 합니다. 적극적인 행동도 필요하고 용기를 내는 것도 멋져 보이지만, 지혜가 있어야 교회 공동체가 견고한 틀 위에서 성장할 수 있습니다. 그리고 자기 자신을 영적으로나 육적으로 지킬 수 있습니다. 궁핍, 시련, 유혹, 질병에서 벗어나려면 역시 지혜가 필요합니다. 지혜는 단순히 삶의 기술이 아니라 경건한 방식으로 살고 견디기 위해 하나님이 주신 능력입니다(댄 마카트니).

"모든 사람에게 후히 주시고 꾸짖지 아니하시는 하나님께 구하라 그리하면 주시리라." 지혜가 부족한 사람은 우선 하나님께 지혜를 구해야 합니다. 하나님은 구하는 자가 누구이든 상관없이 주십니다. 지혜가 필요한 순간이 다가왔을 때가 그것을 구할 기회입니다. 박해자가 가까이 올 때 자신이 어떻게 행해야 할지, 피해야 한다면 어디로 도망해야 할지 등을 여쭈면 됩니다. 그때 성령이 함께하시는 사람에게는 어떤 방법을 통해

서든 어떻게 행해야 할지를 가르쳐주십니다. 또한 교회 공동체 안에서 문제가 발생했을 때도 지혜를 구해야 합니다. 구하는 것의 대표적인 방법은 기도하는 것입니다. 기도는 정해진 시간에만 하는 것이 아니라 도움이 필요한 모든 순간에 할 수 있습니다. 만일 지혜의 은사를 원한다면, 온 마음과 삶을 다해서 갈망해야 합니다(보나벤투라). 또한 삶에서 중요한 선택의 순간이나 결단해야 할 때가 있습니다. 그럴 때 역시 성도는 주님께 기도해야 합니다. 주님이 분명히 응답하실 것이고, 그 인도하시는 대로 행하면 좋은 결과를 얻습니다. 이 말은 하나님이 성도에게 응답하실 때 불쾌한 태도를 보이시거나 혹은 주기를 거부하시지 않는다는 것입니다(박윤선). 하나님은 우리가 요구한 것보다 더 후히 주시는 분입니다. 만일 어떤 일을 행하면서 주님의 뜻이라고 확신하고 결행했는데 결과가 좋지 않다면, 자신의 영적 상태가 정상에서 벗어난 것은 아닌지 다시 점검하는 것도 지혜입니다.

6절 "오직 믿음으로 구하고 조금도 의심하지 말라." 야고보는 기도의 방법을 또 하나 가르쳐줍니다. "믿음으로" 구하라고 했는데, 믿음은 하나님이 우리에게 가르쳐주신 것과 보여주신 것을 믿고 기도하는 것입니다. 또한 하나님이 우리를 책임져주시고 인도하심을 굳게 붙잡는 것입니다. 전부터 지금까지 성도들을 한결같이 인도하신 하나님이 앞으로도 여전히 인도하실 것이므로 과거에 경험한 지식을 근거로 믿고 기도하는 것입니다.

"의심"에 해당하는 헬라어 단어는 '디아크리노메노스'(διακρινόμενος)

입니다. 여러 가지 뜻이 있는데, 우리말은 어휘가 풍부하여 문맥상 더 어울리는 말로 바꾸어 번역한 것입니다. 그래서 이 구절의 "의심하다"는 말이 다른 뜻으로는 '분별하다'(마 16:3)로 쓰인 경우가 있습니다. 즉, 우리는 믿음으로 구한 다음, 하나님이 들어주실지 '의심'하지 말아야 합니다. 이는 '내가 분별하거나 판단하지 말라'는 말로도 해석할 수 있습니다. 또 '구별하다', '다투다'는 의미로도 해석할 수 있으므로 그 뜻을 적용하면 하나님의 역사하심을 지속해서 믿어야 하고, 공연히 마음이 갈피를 잡지 못한 채 하나님께 대한 신뢰가 중간에 끊어지는 불상사가 없도록 하라는 것입니다. 믿음 있는 사람은 자신이 도달해야 할 그 길을 확신하고 경주해야 합니다. 그래서 버스가 정거장에서 정차하듯이, 중간에 자주 멈추면서 여기저기 두리번거리지 말아야 합니다. 목표만 바라보고 달려간 사람과 주변을 두리번거린 사람은 종국에는 큰 차이가 벌어집니다. 의심하는 사람은 교만에 빠진 사람입니다(알렉산드리아의 키릴루스).

"의심하는 자는 마치 바람에 밀려 요동하는 바다 물결 같으니." 바다를 항해하는 배는 파도에 밀려 출렁거립니다. 규모가 큰 배는 파도가 쳐도 큰 요동 없이 순항할 수 있지만, 작은 배는 작은 파도에도 위아래로 출렁이며 크게 흔들립니다. 파도가 치지 않으면 바다는 매우 평화롭고 고요할 것입니다. 바람도 강풍이 있고 순풍이 있습니다. 그에 따라 파도가 세거나 약해집니다. 즉, 바람은 파도에 직접 영향을 끼칩니다. 의심 많은 믿음은 마치 "바다 물결" 같아서, 내면이 파도처럼 심하게 요동치므로 심적으로 불안을 조장하며 아무 유익을 주지 못합니다. 과실나무도 한 장소에 심으면 몇 년이고 기다려야 하는데, 다시 뽑아서 이곳저곳 옮겨 심는 것을 반복한다면 제대로 뿌리를 내리지 못해 온전한 열매를 맺을 수 없습니다. 믿음도 주를 믿고 나아가기로 작정했다면, 끝까지 전진해야 열매를 맺을 수 있습니다. 파도처럼 출렁거리는 태도로 신앙생활을 하면 시간이 오래 지난다고 해도 오락가락하는 습성 때문에 열매를 잘 맺을 수 없습니다. 믿는 사람은 모범적인 생활 태도를 보여주어 하나님이 그의 기도를 들어주실 만한 사람인 것을 드러내야 합니다(존자 베다).

7절 "이런 사람은 무엇이든지 주께 얻기를 생각하지 말라." 이 구절은 의심 많은 사람을 가리킵니다. 성도라면 당연히 큰 믿음을 소유할 수 있을 것 같지만, 그렇지 못한 이유 중 하나가 '의심' 때문입니다. 이것은 하나님을 불신임한 것으로, 사탄이 가져다준 마음입니다. 그 악한 영은 멀리 있는 것이 아니라, 이미 그 사람의 마음에 자리 잡고 의심을 불러일으키고 있는 것입니다. 결국 의심 많은 사람은 신앙이 성장하기 어렵습니다. 야고보는 성도들에게, 특히 환란을 피해 숨어다니는 사람일지라도 단호하게 말합니다. 그들은 주님 때문에 모든 유익을 포기했고, 그래서 위로가 필요해 보이는데도 불구하고 하나님을 의심하면, 그가 어떤 내용으로 기도하더라도 주님께 얻을 것이 없다고 단언하는 것입니다. 마음이나 행동이 변덕스러운 사람은 목표에 초점을 맞추고 하나님의 뜻을 헤아리며 기도하지 못합니다. 오히려 하나님의 뜻과 전혀 반대되는 것을 두고 간절히 기도할 수도 있습니다. 기독교의 기도는 그 목적이 하나님의 뜻에 합당해야만 응답됩니다(박윤선).

8절 "두 마음을 품어 모든 일에 정함이 없는 자로다." 사도 야고보가 이 서신을 통해 성도들에게 축복과 은혜의 말을 전하는 것이 정황에 맞아 보이는데도, 그는 편지의 서두부터 단호하고 냉정하게 말하고 있습니다. 성도들이 믿음의 여정에서 목표를 향해 열정적으로 달려야 하는데, 영적인 행보를 자꾸 의심하면서 멈추어 뒤돌아본다면 그는 "두 마음을 품은" 자라고 했습니다(참조. 마 6:24). 그들은 잠깐 휴식을 취한 후 갈 길을 가려는 것이 아니라 마음이 흔들려서 갈까 말까, 또는 다른 길을 갈까 생각하는, 즉 정함이 없는 우유부단한 사람이라는 것입니다. 한번 마음에 정한 믿음의 길을 담대히 가야 하는데, 두 마음이 있다면 내적 갈등이 생길 수밖에 없습니다. 심장이 두 개일 수 없듯이, 마음이 두 개로 나누어진 사람은 정상적인 상태가 아닙니다. 이런 사람은 변덕이 죽 끓듯 하여 하루는 이것이 옳다고 하고 하루는 저것이 진짜라고 목을 매니, 바람에 떠다니는 구름 같아서 기대한 목적을 달성할 수 없습니다. 학문 연구도 한 자리에 끈덕지게 자리 잡고 앉아 온 정신을 집중해야 성과를 낼 수 있습니다. 믿음의 성장도 여기저기 방황하며 다니지 말고, 한곳에 자리 잡고 앉아 깊이 기도하고, 그렇게 충분한 기도 시간이 쌓일 때 영적으로 진보하게 됩니다.

야고보는 "두 마음을 품어 모든 일에 정함이 없는 자"가 되지 말라고 당부합니다. "두 마음"은 6절의 "의심하는 자"와 통하고, "정함이 없는"은 "바람에 밀려 요동하는 바다 물결"과 통합니다(이상근). 이 상황에서

한 가지 염려스러운 점은, 만약 사도에게 이런 말을 듣는다면 인내하며 믿음의 길을 가고 있는 성도들이 낙심하거나 괴로울 수 있다는 것입니다. 그러나 이 편지의 수신자 중 현실에 지쳐서 믿음에 회의를 품은 사람이 많았기 때문에 사도가 진솔하게 말하는 것입니다. 어느 시대이건 믿음이 요동치는 사람에게는 기대할 만한 열매가 없습니다. 성도는 살아계신 하나님을 굳게 믿고, 아무리 어려운 일이 있어도 낙심하거나 의심하지 말고 주님을 끝까지 붙들고 나아가야 합니다. 상투적인 말 같지만, 이것이 정도(正道)입니다.

낮은 자와 부한 자

9절 "낮은 형제는 자기의 높음을 자랑하고." 여기서 야고보는 경제적인 면에서 재화가 적은 형제와 부한 자에 관해 이야기합니다. 그 당시 그리스도인 중에는 안정된 도시 생활을 하는 사람도 있었습니다. 또한 박해를 피해 이 나라 저 나라를 떠돌아다니면서 동굴이나 산에 숨어 사는 사람도 많았습니다. 그런 사람 중에는 믿음으로 어려운 환경을 성공적으로 이겨내는 사람도 있었지만, 낮은 형제처럼 그렇지 못하고 불안한 환경 속에서 심리적 문제를 겪는 사람도 있었을 것입니다. "낮은 형제"

는 병든 자, 환란에 빠진 자를 가리킵니다(이상근). 그들은 대부분 경제적으로 어려워서 열악한 주거 환경 속에서 음식물 섭취도 부실하여 평균 이하의 건강 상태에 처해 있었을 것입니다. 어느 부분도 좋아 보이는 것이 없는 실정입니다. 어떤 형제는 영양 부족과 질병으로 몰골이 말이 아닌 경우도 있었을 것입니다. 그러나 이들이 자신의 죗값을 치르느라고 이렇게 어려운 형편에 처한 것이 아닙니다. 열심히 일하지 않은 것도 아니고, 불의한 일을 저질러 벌을 받아 열악한 상황에 처한 것도 아니었습니다.

야고보는 “낮은 형제”가 어떤 마음을 가져야 하는지를 말합니다. 바로 자신의 높음을 자랑하라는 것입니다. 낮아진 자가 자신의 높음을 자랑한다는 것은, 낮아진 자가 바로 높은 자라는 뜻입니다. 겉으로 보면 모든 부분이 부족하고 낮아졌는데 자랑할 만한 높음이 있다는 말은 앞뒤가 맞지 않아 보입니다. 그러나 믿음을 버린 사람도 있는데 반해, 이들은 주님의 피로 구속받아 자녀가 되었고, 주님 때문에 모든 것을 포기하여 불가피하게 낮아졌으므로, 그 믿음 때문에 인정받을 만한 영적 축복을 받은 자라는 뜻입니다. 자신의 잘못으로 낮아진 것은 자기 책임이므로 변명의 여지가 없지만, 이들 중 대부분은 나라가 망해서, 또는 자신의 신앙을 지키기 위해서 스스로 이런 환경을 선택한 것입니다. 그러므로 현재는 낮은 것처럼 보여도 주님이 보실 때는 높은 자인 것입니다. 그래서 자신을 자랑할 만한 가치가 있습니다. 이것을 볼 때 경제적으로 높든 낮든 상관없이 모두가 공동체에서 격의 없이 생활할 수 있습니다. 가난은 그리스도인 사이의 친교를 파괴할 수 없습니다(매튜 헨리).

하나님 나라는 하나님의 눈으로 보실 때 어떻게 판단하실지가 중요합니다. 그들의 믿음은 이 땅에서만이 아니라 하늘나라에 가서도 주님께 인정받을 것이 분명하므로 높은 자인 것이 확실합니다. 주님은 어떤 고난에도 믿음을 버리지 않는 성도에게 하늘에서 크게 보상해주실 것입니다. 보상을 목적으로 하는 행동은 바람직하지 않지만, 충성하고 헌신한 만큼 주님이 보상해주시므로 상급을 받는 것은 절대 잘못된 일이 아닙니다. 주님이 베풀어주신 영적 은혜가 감사하여 자랑하는 것은 교만이 아닙니다. 그러므로 참된 신앙을 지키려고 환란당한 것을 감추거나 비밀로 할 필요가 없습니다. 이는 하늘나라 백성으로서 자부심을 가질 만한 것입니다. 세상에서 궁색하게 사는 것을 부끄러워하지 않고 천국 백성이 된 것에 큰 자부심을 갖는 신앙관의 소유자가 진실로 겸손한 자입니다.

10절 "부한 자는 자기의 낮아짐을 자랑할지니." "부한 자"의 의미에는 여러 가지가 있겠지만, 무엇보다 경제적인 부를 뜻할 것입니다. 부유한 사람은 부한 것을 자랑해야 할 것 같지만, 그것은 헛된 재물을 자랑하는 것에 지나지 않습니다. 그러므로 자신이 (앞으로) 낮아질 수도 있다는 것을 생각하고 마음을 낮추어야 합니다(뱅겔). 그러므로 자신의 "낮아짐을 자랑"하라고 합니다. 낮아짐을 비천함으로 번역하기도 합니다(원뉴맨 신약성경). 행색이 초라한 성도들을 보면서, 나도 저들과 다를 바 없는 사람이라고 생각하고 행동하는 것입니다. 사실, 뜻하지 않게 불행한 사건에 휘말려 자신도 극빈자가 될 수 있는 것입니다. 부자는 마음가짐을 겸손하게 함으로 하나님의 은혜를 받는 큰 기회를 잡을 수 있습니다. 여기서 말하는 부한 사람은 그 지역에 오랫동안 살면서 부를 쌓은 사람이거나, 아니면 박해를 피해 이 지역으로 온 성도일 것입니다. 그들 중 특별한 기회를 통해 큰 수입을 올린 사람도 있을 것입니다. 만일 자신이 경제적인 부를 소유했다면 낮아진 사람처럼 되겠다고 해서 굳이 그 부를 의도적으로 포기할 필요는 없습니다. 이미 재물을 얻었다면 잘 보존하고 유지하는 것도 중요합니다. 하지만 자신의 환경이 부할지라도 마음은 겸손히 낮아져야 합니다. 경제적 부유함이 하늘의 부유함과 직결되는 것이 아니기 때문입니다. 이 땅에서는 분별하기 어렵지만, 하늘나라에서 부한 자들은 이 땅에서 올바른 신앙을 유지한 사람들입니다. 신앙을 지키려고 가난을 감수하고 고난을 겪는 사람들이 하늘에서 높은 자가 됩니다. 물론 이 땅에서 부한 자가 주님의 나라를 위해 물질로 헌신하는 경우도 많습니다. 하지만 대부분 세상에서 부한 사람은 경제적으로 부한 것이지, 신앙이나 인격에서는 얼마든지 가난할 수도 있음을 기억해야 합니다.

"이는 그가 풀의 꽃과 같이 지나감이라." 야고보는 사람의 권력이나 물질이 꽃과 같다고 말합니다. 꽃은 아름다워서 보고 있으면 마음도 기쁘고 정서적으로도 큰 도움이 됩니다. 그러나 꽃의 수명은 너무 짧습니다. 마찬가지로 재물의 영광은 순식간에 지나갑니다. 그러므로 재물에 마음을 다 쏟는 것은 장차 큰 고통이 닥칠 것을 모르는 지혜롭지 못한 태도입니다.

11절 **"해가 돋고 뜨거운 바람이 불어 풀을 말리면 꽃이 떨어져 그 모양의 아름다움이 없어지나니."** 이스라엘이 위치한 근동 지방에는 동풍이 붑니다. 이는 사막에서 부는 바람이기에 습기가 없는 마르고 '뜨거운 바람'입니다. 이 바람 때문에 곡식들이 마르는 경우가 많습니다. 꽃이 아무리 아름다워도 뜨거운 바람이 불면 시들고 아름다움이 사라집니다. 메마른 바람을 맞은 꽃이 말라서 떨어지듯이 재물은 어느 순간 어떤 문제로 사라질지 모릅니다. 사람은 재물을 넉넉하게 소유하고 있을 때 기쁩니다. 재물이 많으면 대부분 사람은 행복하고 사소한 싸움도 사라집니다. 그래서 풍성한 재물은 여러 면에서 유익합니다. 그러나 그것이 영원히 우리 곁에 있는 것이 아님을 항상 명심해야 합니다. 자손 중에서 방탕한 자가 나와서 재산을 탕진하든지, 혹은 도적이 빼앗아갈 수도 있습니다. 역사적 격변기에는 새로운 권력자로 인해 큰 손실을 입기도 합니다. 특히 우리가 죽는다면 모아놓은 재물은 다른 사람의 소유가 될 것입니다.

"부한 자도 그 행하는 일에 이와 같이 쇠잔하리라." 그리스도에 대한 신앙은, 아무리 부한 자라도 그가 행하는 일은 꽃과 같이 쇠잔한다는 사실을 분명히 일깨워줌으로써 부한 형제에게 진정한 겸손을 알려줍니다(렌스키). 여기서 부한 자가 '행하는 일'은 주로 근동의 상인들이 낙타에 상품을 싣고 먼 거리를 이동하여 무역하는 것을 말합니다. 그들은 뜨거운 햇빛 아래에서도 열심히 왕래하며 무역하여 재물을 많이 쌓았습니다. 그러나 동풍이 불면 풀과 꽃이 시들듯이 무역하는 사람의 재물도 언젠가는 시들어 떨어지게 된다는 비유입니다. 광야에 꽃도 있고, 풀도 있으며, 무역하는 사람도 있지만, 언젠가는 예외 없이 다 바람에 시드는 날이 옵니다.

부유해지는 것은 죄가 아니며, 우리는 이 땅에서 부를 얻기 위해 열심히 노력하는 것이 마땅합니다. 그러나 이 부유함이 우리의 영혼을 책임져주지 않을뿐더러, 천국에 간다고 해도 이 땅에 쌓아놓은 재물은 우리의 상급에 전혀 도움이 되지 않습니다. 부를 쌓는 일에만 집중하지 말고 주님의 나라를 위해 그 부를 적절히 사용하고, 이 땅의 가난하고 병들고 어려운 사람들을 위해 적극적으로 사용해야 합니다.

우리의 자랑은 예수 그리스도를 위한 삶을 살다가 환란과 고난과 어려움을 당해도 굴하지 않고 가야 할 길을 끝까지 달려가는 것입니다. 그런 사람은 분명 천국에서 온갖 귀한 선물을 받을 것입니다. "이는 여호와의 집에 심겼음이여 우리 하나님의 뜰 안에서 번성하리로다"(시 92:13).

시험을 받는 이유

12절 "시험을 참는 자는 복이 있나니 이는 시련을 견디어 낸 자가 주께서 자기를 사랑하는 자들에게 약속하신 생명의 면류관을 얻을 것이기 때문이라."

"시험을 참는 자"에게 내리시는 하나님의 은혜는 꽃이 쇠잔해지는 것과 정반대의 모습입니다(벵겔). 시험을 참는 자에게 상급으로 "생명의 면류관"을 주신다고 했는데, 이 면류관은 아무나 받을 수 없습니다(참조. 계 2:10). 생명의 면류관을 받는 것은 이 땅에서 생명을 유지하기 위해서가 아니라, 하늘나라에서 영생하기 위한 것입니다. 하늘나라에 입성한 사람은 생명의 면류관을 씁니다. 하늘나라에 올라가 천국 생활을 하지 못할 사람은 생명의 면류관을 받지 못하는 것이 당연합니다. 하늘나라에서 머리에 쓰는 면류관의 종류가 많습니다. 그래서 어떤 사람은 수십 가지 면류관을 쓸 수 있습니다. 예를 들어, 충성, 감사, 기도의 면류관 등이 있습니다. 생명의 면류관은 하늘에서 영생을 얻는 데 필수적인 면류관이므로 천국 생활을 영위하는 모든 자는 이 면류관을 쓰게 되고, 또한 가장 소중한 선물이라고 할 수 있습니다.

"시험을 참는 자"는 생명의 면류관을 쓸 자격을 갖춘 성도를 가리킵니다. 여기서 '시험'(헬, 도키모스, δόκιμος)은 세상의 유혹이 아니라 밖에서 오는 고통입니다(칼뱅). 일종의 테스트입니다. 시험에는 두 가지가 있는데, 하나는 하나님 앞에서 유익이 되는 시험으로, 주를 믿고 충성하기 위해 당하는 고난입니다. 이런 시험은 하나님이 알고 인정해주십니다. 하나님은 성도가 이 시험을 어떻게 이기는지를 지켜보시면서 채점하시고, 나중에 상을 주십니다. 그래서 "시험을 참는 자는 복이 있"다고 한 것입니다. 그 사람은 동시에 "시련을 견디어 낸 자"입니다.

시험은 가볍게 해결할 수 있는 것이 있고, 부담은 되지만 감당할 정도도 있으며, 도저히 견디기 어려운 벅찬 것이 있습니다. 그런데 이 구절에서 말하는 참고 견디어 내야 하는 시험은 불 같은 시험입니다. 다니엘의 세 친구가 당한 풀무 불 속에 빠지는 시험과 같은 것을 말합니다

(단 3:23). 다니엘의 세 친구는 놀랍게도 그 시험을 이기고 불 밖으로 나왔습니다. 사람이 당하는 뜨거움도 촛불이나 뜨거운 물과 같은 수준이 있고, 용광로의 불과 같은 뜨거움도 있습니다. 시험을 참는 자가 복이 있는, 그 시험은 가벼운 것이 아니라 용광로의 불처럼 어려운 시험이라는 말입니다. 하지만 환란이 우리의 잘못으로 일어난 것이 아니라면 우리를 비참하게 하지 못합니다(매튜 헨리).

"생명의 면류관"을 얻는다는 것은, 하나님을 향한 믿음을 지키려고 이기기 불가능해 보이는 시련을 믿음으로 견딘 사람이, 주님이 자신을 사랑하는 자들에게 약속하신 것을 받는다는 뜻입니다. 성도는 시험당할 때 자신의 마음을 견고히 하고, 낙심하지 않으며, 믿음을 끝까지 잘 지켜야 합니다. 그런 삶을 살 때 하나님의 인정을 받아 생명의 면류관을 상으로 받고, 하늘 백성으로 영생할 수 있습니다. 믿음이 있던 성도가 시련을 이기지 못하고 믿음에서 떨어진다면 생명의 면류관을 받을 수 없습니다. 아무런 박해가 없이 신앙의 자유가 있는 시대를 살지라도 언제 어떤 시련이 삶에 닥쳐올지 모릅니다. 성도 중 더 큰 고통을 견뎌낸 사람이야말로 더욱 용감하게 승리를 얻은 사람입니다(술피키우스 세베루스).

13절 **"사람이 시험을 받을 때에 내가 하나님께 시험을 받는다 하지 말지니."** 여기서 "시험"(헬, 페이라코메노스, πειραζόμενος)은 앞에서 나온 '시험'과 의미가 다릅니다. 즉, 하나님이 알아주시고 인정해주시며 테스트하시는 시험이 아니라, 사람이 유혹에 빠져서 시험에 드는 것을 말합니다(칼뱅). 우리나라 말로 번역하면서 둘 다 시험이라고 표기하여 혼동을 일으킬 수 있지만, 헬라어 단어로는 다른 말입니다. 즉, 이 구절에서 시험의 의미는 자신이 유혹에 빠져서 시험에 들었을 때 “하나님께 시험을 받는다”고 헛소리하지 말라는 의미입니다. 하나님의 시험을 받았다고 주장하는 사람의 이야기를 들어보면, 오히려 이 구절에서 뜻하는 시험인 경우가 대부분입니다. 또 처음에는 믿음을 지키려고 고난을 당하기도 하지만, 그 이후 자신의 연약함과 죄로 인하여 문제가 더 커지기도 합니다. 자신이 여러 상황에서 지혜롭게 대처하지 못하여 일이 꼬였다면 순전히 자신의 탓입니다. 그래서 야고보는 “하나님의 시험”을 받았을 때 이기는 것은 생명의 면류관을 받는다고 인정해주지만, 자신이 ‘유혹’에 빠져서 시험당하는 것을 “하나님의 시험을 받는다”라고 말하지 말라고 확실하게 못 박고 있습니다.

흩어진 성도 중 경제적 어려움과 안전에 대한 불안에 시달린 사람들이 많았다는 정황이 있습니다. 신앙을 지키려고 고국을 떠나왔다고 할지라도 모든 사람이 굳건한 믿음의 소유자는 아니었을 것이고, 그중에는 시련과 고난을 당하면서 믿음이 약해진 사람도 있었을 것입니다. 그들은 시험에 든 것이라고 보아야 합니다.

똑같은 고난을 받아도 조용히 기도하면서 견디는 사람이 있었을 것이고, 가정에 불화가 일어나거나 믿음 생활을 포기할까 고민하는 사람도 분명히 있었을 것입니다. 그런데 많은 성도가 자신에게 일어나는 모든 문제를 전적으로 하나님이 시험하시는 것으로 오해하는 경우가 비일비재합니다. 야고보는 모든 상황을 점검한 뒤, 그 시험은 종류가 다른 것임을 밝히고 있습니다. 혹여 우리가 병들거나 슬픈 일이 생기거나, 근심하게 되는 일이 생기더라도 하나님을 탓하지 말아야 합니다. 우리는 모두 자기 죄의 밧줄로 채찍질을 당하는 것입니다(예루살렘의 키릴루스).

"하나님은 악에게 시험을 받지도 아니하시고 친히 아무도 시험하지 아니하시느니라." 여기서 말하는 "시험"도 하나님의 시험이 아닌 유혹적인 시험을 뜻합니다. 하나님은 어떤 악에게도 유혹받지 않으시고, 누구에게도 악을 행하도록 유혹하지 않으신다는 뜻입니다. 만약 마귀가 하나님을 시험하면 하나님이 그 시험을 이기신다고 말해서도 안 됩니다. 하나님은 근본적으로 마귀에게 시험받지 않으시기 때문입니다. 하나님은 악을 이기시는 분이고 거룩한 분이므로, 악이 하나님을 시험하거나 또 하나님이 누군가가 악해지도록 시험하시지 않습니다. 그래서 시험을 '악에게' 받는다고 말한 것입니다. 자기가 악에게 유혹받아 죄를 짓고 문제가 발생한 것인데도 마치 하나님의 시험을 받은 것처럼 말하지 말라는 것입니다. 하나님이 주시는 시험은 믿음의 성장과 관계가 있는데, 그렇지 않다면 하나님이 주신 시험이 아닙니다.

하나님의 뜻이라고 생각하고 물질을 투자했는데 문제가 생기는 일도 있습니다. 만일 진정 하나님의 뜻이라면 스쳐 지나가는 생각이 아니라 거스를 수 없는 분명한 영적 확답이 있어야 합니다. 대부분 자기 생각이나 풍문, 또는 욕심에 이끌려 결행하고는 문제가 생기면 하나님께 떠넘기는 현상이 우리 주변에 흔히 보입니다. 이런 사람은 자기 영혼과 육체를 지키는 파수꾼 역할을 잘 수행하지 못한 것입니다.

하나님은 인격적인 분이기 때문에 하나님의 사람에게 어떤 일을 지시하실 때, 하나님이 어떤 계획으로 일하시는 것인지, 그래서 그가 수행해야 할 역할이 무엇이고 그를 어떻게 사용하실지, 그리고 그가 사명을 마쳤을 때의 보상까지 다 이야기하시고 일을 맡기십니다. 우리가 머릿속을 스쳐 지나가는 생각이나, 마음에 일어나는 순간적인 감동을 하나님의 뜻이라고 믿는다면 오류가 발생할 가능성이 항상 있습니다.

14절 "오직 각 사람이 시험을 받는 것은 자기 욕심에 끌려 미혹됨이니." 야고보는 각 사람이 "시험을 받는 것"이 자기 욕심에 끌려서 받는 것이라고 단언했습니다. 시련을 겪는 사람 대부분은 이렇게 자기 욕심에 미혹된 것으로 판단할 수 있습니다. 잠언에서는 욕심이 많은 것을 거머리에 비유했습니다. "거머리에게는 두 딸이 있어 다오 다오 하느니라"(30:15). 거머리는 피를 빨아먹고 사는데, 이는 인간의 끝없는 탐욕을 상징적으로 보여줍니다. 두 딸은 거머리에게 있는 두 개의 흡입관입니다. 이처럼 인간은 욕심을 품고 살아갑니다.

하나님이 성도에게 큰 사명을 맡기시려는 계획으로 테스트하시는 경우는 많지 않습니다. 하나님이 주신 시련이라고 생각해서 하나님을 원망하든, 아니면 하나님의 뜻대로 시련을 받는다고 자위하든 둘 다 옳지 않을 수 있습니다. 욕심에 이끌리고 마귀의 유혹에 넘어가 유익도 없는 일에 매진해서 겪는 시련으로 고통스러워하다가, 하나님께 쓰임받지 못하고 종말을 맞이하는 사람이 대부분입니다. 그래서 성도는 평상시에도 자신을 냉정히 돌아보는 안목이 필요합니다. 문제가 발견될 때 회개에 힘써서 유혹에 빠지지 않도록 조심하고, 하나님 중심으로 생활하려고 애써야 합니다. 사람이 스스로 일을 벌인 다음, 여러 가지 시련과 환란을 당하면서 자신은 하나님의 계획으로 환란당하고 있고, 이 시련을 하나님이 알아주시며, 후에 큰 상급을 주실 것이라고 믿는 허황한 기대를 갖는 것은 자기기만입니다. 성도는 정신적인 것이든 물질적인 것이든 탐욕이 있다면 그 뿌리가 뽑혀야 합니다(보나벤투라).

15절 "욕심이 잉태한즉 죄를 낳고 죄가 장성한즉 사망을 낳느니라." 이 구절은 너무나 유명합니다. 우리가 아무리 예수님을 믿어도 욕심이 많을 수 있습니다. 이 욕심을 방치하면 안 되는 것은, 그것이 외부에서 찾아오는 모든 죄의 근원이 됩니다. 이런 욕심을 이겨내면서 살아가는 것이 성도에게 정해진 영적 법칙입니다. 성도가 욕망의 포로가 되는 것은 영적 훈련을 받지 못한 채, 이성적이고 지식적인 사람에 머물러 있기 때문입니다. 그리고 욕심의 죄질은 사람마다 다릅니다. 사람의 마음속에 복음의 씨가 심겨 점점 자라서 믿음의 열매를 맺듯이, '욕심의 씨'도 사람의 마음속에 심어져 자라고 가지를 뻗으며 열매까지 맺는 것입니다. "욕심이 잉태한 즉"이라는 말은 죄가 태아와 같은 초기 단계에 있다 할지라도 분명히 죄로 존재한다는 것입니다(매튜 헨리). 욕심의 씨가 심어졌다는 것은 욕심의 영이 나에게 들어왔다는 말과 동일합니다. 즉, 악한 영이 사람의 마음속에 들어갔다는 것입니다. 실제로, 악령이 사람 몸 안에 머무르기 때문에 욕심의 영은 그다지 큰 영이 아닐 것입니다. 하지만 주님에 대한 믿음을 지키려고 흩어져 사는 것을 각오한 성도들에게 악령이 들어갔다는 것은 서글픈 일입니다. 예수님 때문에 환란당하면서도 인내하고 있는 성도들일지라도 '욕심의 영'이 들어가서 죄를 짓게 되고,

"죄가 장성하여" 사망, 즉 구원에 이르지 못하는 불상사가 벌어질 수 있다는 엄중한 경고입니다. 이에 대해서는, 성도 속에 악한 영이 들어갈 수 없다고 주장하는 사람도 있어서 논쟁이 벌어지기도 하는데, 그것은 영 분별의 은사가 없어서 악한 영을 보지 못하여 그렇게 말하는 것입니다. 귀신의 영향을 받는 무당도 귀신을 보는데, 하물며 성령을 받았다는 그리스도인이 원수인 악한 영의 정체를 모를 수 없습니다.

"욕심이 잉태한즉 죄를 낳"는다는 것은 욕심의 영이 들어온 뒤 세월이 일정 기간 흐른 것입니다. 간단히 말해, 유혹받는다는 것은 어떤 자에게 이끌리고 있다는 것입니다. 내 영혼에 원수가 자리 잡고 산다고 할 수 있습니다(리처드 마우). 씨가 심어진 뒤 열매가 맺히기까지는 시간이 필요합니다. 마찬가지로 욕심이 들어와 시간이 지난 후 죄를 짓게 되고, 죄가 장성하여 '사망을 낳는' 것입니다. 죄가 점점 비대해지면 더 힘이 강해져서 결국 그 죄가 그 사람을 죽을 자리까지 끌고 갑니다. 앞에서 시험을 견딘 사람은 생명의 면류관을 얻어 천국에서 영생한다고 하였고, 욕심이 심어져 죄를 지은 사람은 결국 '사망을 낳느니라'의 장본인이 됩니다. '사망'을 낳는다고 했는데, 그것이 지옥이 아니라고 할 사람은 없을 것입니다. 이 구절은 시험을 견디어 천국에 가는 사람과 욕심대로 살다가 지옥에 가는 사람을 대비해서 설명하고 있는 것이 확실합니다. 회당 혹은 교회라는 공동체에 두 부류의 사람이 있는데, 겉으로 볼 때는 똑같은 시험을 당하는 것으로 보일 수 있지만, 전자는 하나님이 주신 시험이고, 후자는 자기 욕심에 미혹된 것으로, 결과도 판이합니다. 이 말씀에서 유추할 수 있는 것은, 생명의 면류관을 받을 사람이 예상보다 많지 않아 보인다는 것입니다.

성도는 겸손하게 자기를 부인해야 합니다. 자기 부인이란 자기 비움을 뜻합니다. 자기 비움이란 우리 속에 가득 차 있는 온갖 탐욕과 독선을 비워내는 것입니다(한완상). 어느 시대나 자기 욕심에 미혹되어 문젯거리를 만들어내고, 그로 인해 시련을 받으면서도 하나님이 주시는 시험을 받는 중이라고 착각하는 사람들이 천지입니다. 사람은 대부분 자기 욕망으로 유혹받습니다. 그러므로 그 유혹에 굴복하거나 꼬임에 넘어가는 일이 없도록, 그것이 잉태하고 출산하지 못하도록 저항하고 싸워야 합니다(아우구스티누스).

은사와 선물

16절 "내 사랑하는 형제들아 속지 말라." 속지 말라고 한 것은 고난과 어려움당하는 성도들이 속을 수도 있고, 지금도 속고 있다는 뜻입니다. 그들이 속는 것은 자신들이 당하는 고난과 어려움 중 상당 부분이 하나님이 자기를 훈련하시고 연단하셔서 나중에 크게 사용하시고 상급을 주시려는 것이라는 얼토당토않은 기대를 하고 있기 때문입니다. 그러나 그것은 속는 것이고, 실상은 "너희가 욕심을 부려서 찾아온 죄" 때문이라고 매몰차게 말하는 것입니다. 그들이 당하는 고통은 욕심과 같은 죄로 미혹받았기 때문이라는 사실을 확실히 깨달으라는 것입니다. 성도들이 지금까지 살아온 그런 태도를 버리지 않는다면 천국을 보장할 수 없다는 것입니다. 어느 시대이든지 신앙생활을 하는 도중에 누구든지 여러 가지 어려움을 당할 수 있습니다. 그럴 때 자신이 왜 이 지경이 되었는지 고통의 원인을 신속히 분석하고 대처해나가야 합니다. 기독교는 고난당하는 사람을 무조건 위로하고 격려하는 종교가 아닙니다. 하나님의 계획으로 시험받고 있는 것인지, 아니면 마귀의 영향력 아래에서 시험받고 시련당하는 것인지 냉정하게 돌아보고 하나님 앞에 겸손히 서야 합니다. 하나님은 성도를 공연히 고통 속으로 몰아넣으시는 분이 아닙니다. 도리어 은혜를 주시려고 힘쓰십니다. 속지 않는 것은 죄와 죽음이 (나에게) 번식되는 과정을 막는 수단입니다(댄 매카트니).

17절 "온갖 좋은 은사와 온전한 선물이 다 위로부터 빛들의 아버지께로부터 내려오나니." 앞 절에서 하나님은 성도를 악으로 시험하지 않으시고, 도리어 아버지의 마음으로 좋은 은사와 선물을 주신다고 했습니다. 고난을 당하고 어려움을 겪고 있는 사람들은 좋은 은사와 온전한 선물을 하나님께 받은 상황이 아닙니다. 좋은 은사와 선물을 받았다면 의미 없는 고통을 당하거나 영적 침체를 겪지 않았을 것입니다. 18절에서 "우리를 낳으셨느니라"라고 하셨으니 하나님은 성도의 참 아버지이십니다. 은사는 성령의 아홉 가지 은사만을 가리키는 것이 아닙니다. 근본적으로 하나님이 보유하고 계신 모든 값진 보화를 가리킵니다. 하나님은 능력과 권세와 은사와 생명과 물질 등 모든 것을 총망라하여 손에 쥐고 계십니다. 하나님이 택하신 자녀에게 선물을 주시는 것은 사랑하는 마음을 행동으로 나타내 보이시는 표지입니다. 하나님이 아무리 좋은 것을 소유하셨더라도 자녀에게 베풀지 않으신다면 부자 관계는 성립될 수 없습니다. "빛들의 아버지"는 하나님이시고, 그분은 빛의 근본이시므로 절대 어둠을 주시지 않습니다. 하나님이 고난과 어려움을 선물로 주신다면 그것은 선물이 아닙니다. 성도들은 현재 처한 상황이 너무 심각하여 도움과 위로를 원할 텐데도, 야고보는 단호하게 상황을 정리합니다.

"그는 변함도 없으시고 회전하는 그림자도 없으시니라." 하나님의 선하심에는 변동이 없다는 뜻입니다(박윤선). 하나님은 성도에 대해 한번 선한 뜻을 정하셨다면, 천 년, 만 년이 지난다고 해도 변동이 없다는 뜻입니다. 성도가 큰 죄를 지었을 때 책망도 하시고 징계도 내리시지만, 그것은 과정일 뿐이고, 결국은 선한 목적을 이루십니다. 또한 하나님은 '빛'이십니다. 세상의 빛은 한쪽에서 비추면 다른 쪽에는 그림자가 생깁니다. 그래서 태양이 비추어도, 달빛을 받아도 그림자가 생길 수 있습니다. 그러나 하나님은 조금도 어두운 부분이 없는 분입니다. 하나님이 우리에게 아무리 빛을 많이 주신다고 해도 하나님께는 어두운 부분이 조금도 발생하지 않습니다. 그러므로 빛 외에는 어떤 어두움도 인생에게 주시지 않습니다. "회전하는 그림자"도 없다는 것은 다른 물체가 회전함으로 생기는 그림자를 말합니다. 그러므로 하나님은 이 세상에 실존하는 어떤 존재로도 어두워지는 영향을 받지 않으시는 유일무이한 존재이신 것입니다. "나 여호와는 변하지 아니하나니 그러므로 야곱의 자손들아 너희가 소멸되지 아니하느니라"(말 3:6).

18절 **"그가 그 피조물 중에 우리로 한 첫 열매가 되게 하시려고."** "피조물"은 하나님이 창조하신 모든 만물을 가리킵니다. 식물, 동물, 무생물도 다 하나님이 창조하셨습니다. 그 종류는 수를 셀 수 없습니다. 그런데 하나님이 만드신 모든 만물의 첫 열매가 바로 우리 인간, 특별히 성도들이라는 것입니다. 이 구절은 하나님이 행하신 선한 일의 최정점이 무엇인지를 밝혀줍니다. "첫 열매"는 장자라는 의미도 있고, '하나님께 바쳐진 자'라는 의미도 있습니다(출 22:29). 만물 중 가장 늦게 창조된 것이 사람이지만, 중요성은 창조의 순서와는 아무 상관이 없습니다. "첫 열매"라고 하면, 이스라엘 백성은 모든 소산을 거둘 때 처음 추수한 열매를 하나님께 드렸습니다. 그다음 것부터 비로소 자신의 식량으로 삼았습니다. 하나님은 식물이나 동물이나 무생물 중 아무리 값나가는 것이라고 해도 첫 열매로 받지 않으시고 오직 성도를 첫 열매로 받으십니다. 그러므로 성도가 이 땅의 모든 것 중 장자이고 가장 우두머리이며 대표성이 있다고 할 수 있습니다. 성도들이 최고가 되는 이유는 장차 새 예루살렘 성에 초대되어 입성하기 때문입니다. 성도는 천국에 올라가서 예배드리며 주님이 준비해주신 거처에서 생활합니다(요 14:2). 만일 지옥에 간다면, 하나님이 받으시는 대상이 아니라 버린 자가 됩니다. 그래서 여기서 말하는 첫 열매가 되는 "우리"는 예수님을 믿고 회개하고 그리고 구원받는 성도를 지칭하는 것입니다.

"자기의 뜻을 따라 진리의 말씀으로 우리를 낳으셨느니라." 하나님이 성도들을 이 땅에서 살게 하신 것은 순전히 하나님의 뜻으로 이루어진 것입니다. 그리고 진리의 말씀으로 낳으셔서 먹이시고 입히신 후, 진리의 말씀으로 인도하십니다. 진리는 거짓의 반대이며, 악과도 반대입니다. 하나님께는 근본적으로 거짓이 없으시고 악도 없으십니다. 그러므로 하나님께 근본적으로 존재하지 않는 악과 거짓을, 택하신 아들에게 주실 리가 없습니다. 다른 사람에게 소중한 것을 준다는 것은 자신에게 속한 자여야 줄 수 있습니다. 부모가 자녀에게 DNA를 물려주는데, 그 집안에 없는 유전인자가 자녀에게 불쑥 나타날 수는 없습니다.

"낳았다"고 하는 것은 하나님의 아들이 되었다는 것입니다. 15절에서도 똑같이 "낳았다"는 말을 사용했는데, 거기서는 "죄가 사망을 낳았다"고 했습니다. 성도는 하나님이 "진리의 말씀"으로 낳았습니다. 즉, 이는 복음을 가리키며, 구원하시는 하나님의 능력입니다(렌스키). 아들은 부모를 닮으므로 성도가 하나님의 자녀가 되었다는 것은 하나님의 성품을 본받았다는 의미입니다. 구원받은 사람은 영적으로 볼 때 하나님의 아들이 되었고, 상속자가 되었습니다. "진리의 말씀"으로 낳으셨다는 것은 하나님이 자녀들을 이 땅에서 양육하실 때 바른 것, 옳은 것으로 가르치시고 키우신다는 것입니다. 음식도 절대 불량식품이나 독이 든 것이나 품질이 떨어지는 것을 제공하지 않으신다는 뜻입니다. 최고의 음식만 공급하셔서 건강하게 자라도록 하신다는 의지를 보여주십니다. 자신의 자녀가 독성을 이겨낼 면역력이 있는지를 시험하려고 부패한 음식을 주고, 독성이 있는 음식을 몰래 먹이는 부모는 없듯이, 또한 죄도 없는데 사탄을 보내서 함정에 빠지도록 조장하시지 않습니다. 하나님이 낳으셔서 하나님의 아들이 된 성도는 하나님에게 없는 악이 덮쳐서 슬픔과 고난을 받을 수 없습니다. 그러므로 그 성도에게 나타난 슬픔과 고난과 괴로움은 하나님이 주신 것이 아니라는 논리입니다.

하나님이 훌륭한 인물로 만드시려고 훈련 차원에서 잠시 고난과 어려움을 주시는 경우가 있다고 앞에서 말했습니다. 우리가 하나님을 진실로 믿는다면 하나님이 성도들에게 부어주기를 원하시는 좋은 은사와 선물을 받아야 마땅합니다. 그것을 받지 못하고 도리어 고난과 시련을 받는다면, 그것은 당사자의 문제입니다. 하나님의 핑계를 대지 말고 전적으로 자신의 책임인 것을 깨달아야 합니다. 하나님은 애지중지하시는 택한 성도에게 좋은 것을 주기 원하시는 분이므로, 성도는 영적인 것, 물질적인 것, 건강, 명예 등 좋은 것들을 다 받아야 정상 궤도에 진입한 것입니다. 성도는 난세가 아니라면 허망하게 함정에 빠지지 않습니다.

성도는 이 말씀에 비추어 솔직하고 냉정하게 자신의 상태를 돌아보아야 하고, 궁색한 변명을 하지 말아야 합니다. 자신에게 잘못된 성향이 발견된다면 회개하여 방향을 틀어 난제를 돌파할 수 있습니다. 하나님은 어둠의 자녀인 우리를 빛의 자녀로 바꾸어놓으셨습니다(존자 베다).

더러운 것과 넘치는 악

19절 "내 사랑하는 형제들아." 야고보는 흩어져 사는 성도들을 향하여 "내 사랑하는 형제들아"라고 다정하게 부르고 있습니다. 주님의 나라를 위해 그리고 자신의 믿음을 지키기 위해 환란과 고난을 견디고 있는 사람들을 보면서 얼마나 애처로운 마음과 존경심이 들었겠습니까. 누구나 어려운 상황에서도 예수님을 잘 믿으려고 노력하는 성도들을 보면 저절로 존경심이 들 것입니다. 그런데 야고보는 그런 사랑하는 형제들을 향하여 위로하고 격려할 것으로 예상했는데, 말씀을 보면 그렇게 듣기 좋은 말이 아니라는 것을 알 수 있습니다.

"너희가 알지니." 야고보는 지금 자신이 하려고 하는 말을 그들이 꼭 알아야 한다고 당부합니다. 그들이 겉으로 보기에는 신앙생활을 원만하게 하는 것으로 보이고, 또 스스로 그렇게 자부하고 있지만, 그들이 필히 명심해야 할 내용이 있다는 것입니다.

"사람마다 듣기는 속히 하고." "듣기는 속히 하고"는 특히 복음을 들을 때 민첩하게 청종하라는 뜻입니다(박윤선). 이는 성도가 영적으로 성장하고 천국을 향하여 매진할 때 도움이 되는 하나님의 말씀을 가리킵니다. 어느 시대이든지 우리의 속사람이 자라고 생명이 자라는 데 필요한 재료는 하나님의 말씀입니다. 다른 것도 중요하지만, 하나님의 말씀은 우리 삶에서 최고의 영양가 있는 양식입니다. 그래서 하나님의 말씀을 우리 심령에 충만히 채우려고 노력해야 합니다. 어떻게든 하나님의 말씀을 연구하고 묵상하며 또한 청종하려는 갈급함으로 몸부림쳐야 합니다. 성도는 정말 자신이 하나님의 말씀을 듣는 데 열정을 다하는지 솔직히 점검해야 합니다. 그런데 세상 돌아가는 풍문과 여러 소문에 귀를 기울이는 성도가 의외로 많습니다. 조금 다른 말이지만, 유언비어 성격의 소문을 들었을 때 그것이 이치에 맞는지 따져보고, 반대 의견도 들어보며, 근거가 타당한지도 살펴보아야 합니다. 또한 깊이 묵상하고 냉정하게 판단해야 하는데, 편향된 사상이나 주장을 너무 쉽게 받아들이는 것은 영적 무지의 소치입니다. 또 그런 소문을 듣고 자기에게서 끝나는 것이 아니라 주위 사람에게도 퍼트려서 소문이 꼬리에 꼬리를 물도록 하는 것도 문제입니다. 이것은 성도가 하나님의 택한 자녀라는 것을 망각한 몰지각한 태도입니다. 성도는 세상과 관계된 그런 쓸데없는 말은 함부로 입에서 내뱉거나 소문내는 일을 당장 멈추어야 합니다.

"말하기는 더디 하며." "하나님께서 나를 시험하신다"는 등의 엉뚱한 말을 하지 않기 위해서도 말하기를 더디 해야 하고(1:13), 하나님께 합당하지 않은 말을 하지 않기 위해서도 말하기를 더디 해야 합니다(벵겔). 성도는 무익한 대화를 삼가야 합니다. 말을 꺼낸다고 해서 그 말이 항상 자신에게 유익을 주는 것이 아닙니다. 특히 기도 중에는 침묵이 필요합니다. 왜냐하면 대화는 정신을 산만하게 만들기 때문입니다(아파메아의 요한). 침묵 가운데로 들어가 하나님을 만나는 심오한 영성이 모든 성도에게 필요합니다. 물론 이것이 복음을 전하는 일을 더디 하라는 뜻은 절대 아닙니다. 우리는 말할 때 그 말이 듣는 상대와 가정과 교회와 공동체에 도움이 되는지를 깊이 생각한 다음, 입을 열어야 합니다. 거룩한 성도와 수다쟁이는 절대 어울리지 않습니다. 교회 공동체는 참새 방앗간이 아닙니다. 거룩한 공동체에 저질스런 협잡꾼들이 활개 치는 것을 방치하면 속수무책으로 당할 수밖에 없습니다. 아마도 이렇게 수다스럽거나 남의 비밀을 누설하는 것에 익숙한 사람들은 악한 영의 영향을 받는 사람이라고 얼마든지 유추할 수 있습니다. 귀신은 떠들고 수다스럽게 하는 짓을 일삼습니다. 말이 간결하고 적은 사람은 죄가 줄어듭니다(보나벤투라).

"성내기도 더디 하라." 분을 내는 혈기는 가장 알기 쉬운 육체적 죄입니다. 의롭든지 불의하든지 분노는 인간에게 원초적인 죄이고, 특히 남자가 화를 잘 냅니다. 사람은 안정된 생활을 하면 마음이 평안하여 쉽게 화가 나지 않지만, 불안한 상태에서는 작은 일에도 쉽게 분노가 일어납니다. 이 편지의 수신자들은 타국에서 생활하면서 경제적으로 어렵고, 육체적으로도 신변에 불안을 느끼고 있으므로 조금만 자극을 받아도 지뢰가 되어 폭발하는 상태에 있었습니다. 편안한 환경에 있다면 그렇게까지 벌컥벌컥 화낼 일이 아닌데도 그들은 화를 주체하기 어려운 상태였습니다. 그래서 야고보는 그들을 향해 성내기를 더디 하라고 달래면서 충고하고 있습니다. 진정으로 말씀에 붙잡힌 성도는 회개와 성숙한 생활로 거룩해지고 차분해져서 분노를 쉽게 발하지 않습니다.

20절 "사람이 성내는 것이 하나님의 의를 이루지 못함이라." 이 구절에서는 "사람이 성내는 것"과 "하나님의 의"를 대비하고 있습니다. "하나님의 의"는 바른 것, 하나님이 기뻐하시는 것입니다. 하나님이 기뻐하시는 것을 실천하려면 영성 있는 신앙생활을 해야 하며, 특히 기도와 성경 연구와 선행에 힘써야 합니다. 그런데 "성내는 것"은 이미 그 영혼이 불안정하고 어둠의 세력으로 더럽혀졌다는 반증입니다. 그런 사람은 육체의 건강에도 문제가 생길 수 있는 환경이 조성됩니다. 또한 하나님과 친밀성이 떨어지고, 기도한다고 해도 하나님이 응답하시지 않습니다. 하나님이 그 사람을 기뻐하시지도 않을뿐더러 그런 행동은 "하나님의 의"를 이루는 방법이 아닙니다. 젊었을 때는 아무래도 의분이 많습니다. 그러나 하나님의 의는 성내는 것으로 이루어지지 않습니다. 영적으로 바로 서지 않으면 다른 사람을 판단하고 비판하는 것을, 또는 혈기를 부리는 것을 자신이 하나님의 의를 이루는 것이라 착각합니다. 어떤 이유를 댄다고 해도 혈기 부리는 것은 악한 영의 조종을 받는 것으로 보아도 무방합니다. 특히, 교회 지도자나 교회 공동체 안에서 공개적으로 혈기를 부리는 것은 교회를 무너뜨릴 수 있는 매우 위험한 행동입니다. 그는 분명 거룩한 공동체 안에서 소통에 미숙함을 드러내고 있을 것입니다. 사람의 분노는 하나님의 의로운 성품을 반영하지 못합니다. 또한 하나님이 참된 의로 여기시는 것을 성취하지 못합니다. (하나님의 의를 이루는 것은) 하나님의 온유와 관용으로 악과 싸워 이루어지고, 심긴 하나님 말씀의 씨를 받음으로써 이루어지기 때문입니다(댄 마카트니).

21절 **"그러므로 모든 더러운 것과 넘치는 악을 내버리고."** 더러움과 악은 분노에서 생깁니다(아를의 힐라리우스). 야고보는 이 구절에서 성도가 꼭

버려야 할 것을 가르쳐줍니다. 즉, 성도에게 더러운 것과 넘치는 악이 도사리고 있다는 뜻입니다. 앞에서 성내지 말라고 했으므로 혈기가 앞장서 있고, 여러 종류의 죄가 줄을 서 있습니다.

"더러운 것"은 상상이 아닙니다. 외부에 존재하다가 일시적으로 사람에게 역사하는 것이 아닌, 실제 사람 속에 존재하고 있는 죄로 인해 더럽혀진 성정이며, 영적인 상태라고 할 수 있습니다. 신앙심이 좋은 성도에게도 가슴에 죄가 가득 담겨 있다는 것이 놀랍습니다. "넘치는 악"은 담겨 있는 것보다 양이 더 많으므로 몸 밖으로까지 흘러넘친다는 표현입니다. 더러움이 몸 안에서 계속 증식하고 있기 때문입니다. 그것이 몸에서 완전히 빠져나가면 더러움이 줄어들지만, 빠져나가지 않고 점점 차오르고 있는 것입니다. 사람을 더럽게 하는 것은 악령입니다. 또한 더러우면 악령이 잠입하기가 좋은 상태가 됩니다. 꼭 기억해야 할 구약성경의 사건이 있습니다. 여호와의 영이 사울 왕에게서 떠나자 악령이 그를 번뇌하게 했습니다(삼상 16:14-15). 악령이 사울의 머리에 박혀서 혼란스럽게 한 것입니다. 나중에 다윗이 수금을 타자 "사울이 상쾌하여 낫고 악령이 그에게서 떠[났습니다]"(삼상 16:23). 다윗에게 영적 능력이 있어서 일시적이지만 악령을 내쫓은 것입니다. 그 후 또다시 하나님이 부리시는 악령이 사울에게 힘 있게 내리므로 그는 정신없이 떠들어대면서 다윗을 살해하려고 창을 던집니다(삼상 18:10-11). 사울 왕에게는 온갖 문제를 일으키는 악령, 즉 귀신이 몸에 붙어서 그 귀신이 사울을 마음대로 휘두른 것입니다. 만일 어느 누가 이와 같은 행동을 하거나 유사한 모습을 보인다면 악령이 역사하는 중은 아닌지 의심해보아야 합니다.

시기, 질투, 폭력, 살인의 마음 등 더러운 악은 우리 안에서 자연적으로 사라지지 않기 때문에, 우리가 직접 결단하고 쓰레기를 폐기 처분하듯 처리해야 합니다. 그렇게 하려면 우리가 더러워진 원인을 자세히 밝혀서 하나님께 회개하고 죄를 씻어야 합니다. 이 방법 외에는 우리를 부패하게 하는 원흉인 더러움을 씻어낼 길이 없습니다. 이렇게 죄로 더러워진 것들을 청소하면 악한 영들도 함께 떨어져나갈 수밖에 없습니다. 그러면 자연스럽게 청결한 사람이 됩니다. 그래야 겸손에 이를 수 있습니다. 이방 세계는 위치가 낮은 사람들을 무시하고 다른 사람들을 자신의 교만한 뜻에 굴복하게 하는 용감하고 지배적인 사람을 높입니다. 그러나 기독교는 낮아짐과 겸손을 영적 자질로 높이 삽니다(렌스키). 성도는 자기 마음 밭을 깨끗이 가꾸어야 합니다. 아빌라의 테레사는 생활에 관한 금언을 만들어 수녀들에게 주었는데, 그 67개 항목 중 첫째는 다음과 같습니다. "아무리 비옥해도 경작하지 않은 땅은 가시와 엉겅퀴를 낼 뿐입니다. 사람의 마음도 이와 똑같습니다." 우리도 우리 자신의 마음 밭을 쓰레기더미로 만들고 있는 것은 아닌지 자세히 관찰해야 합니다.

"너희 영혼을 능히 구원할 바 마음에 심어진 말씀을." "영혼을 능히 구원할", 즉 영혼을 구원하는 것은 성도의 가장 큰 소망입니다. 그리고 "말씀"을 먹고 구원의 사람으로 성장해나갑니다. 결국 우리 속에 채워야 하는 것은 죄와 더러움이 아니라 하나님의 말씀입니다. 하나님의 말씀이 가장 중요한 이유는 그것이 바로 우리의 생명을 살리기 때문입니다. 우리는 성경을 깊이 잘 알고, 그 말씀을 영혼의 양식으로 삼아야 합니다. 음식을 꼭꼭 씹어서 배 속으로 삼키듯이 하나님의 말씀을 음미하여 우리 마음으로, 즉 우리 속사람에게 영양분이 되도록 공급해야 합니다. 넘치는 악과 죄는 최대한 빨리 우리 속에서 정리하고 하나님의 말씀을 우리 속에 듬뿍 채워 넣어야 속사람이 성장합니다.

"온유함으로 받으라." 하나님의 말씀은 온유함으로 받아야 합니다. 귀를 열고 마음을 활짝 열어서 주님의 음성을 들어야 합니다. 죄는 사람을 하나님의 말씀을 듣지 못하는 귀머거리로 만듭니다(바클레이). 우리는 자신을 낮추고, 우리 죄를 용서해주시며 생명을 주시는 주님께 엎드려 귀를 기울여야 합니다. 그러나 안타까운 것은 자신이 귀머거리인지를 모른다는 것입니다. 초대교회 성도들은 이미 복음의 말씀을 듣고 순종하며 살고 있었지만, 계속해서 말씀의 양식이 필요했습니다. 하나님의 말씀이 언제나 힘이 있고 신비한 것은, 의식이 있든 없든 하나님의 말씀을 전하면 우리 속사람은 말씀을 듣고 반응합니다. 그만큼 하나님의 말씀은 생명을 살리는 능력이 있습니다. 구원의 소망은 온유함을 자라게 하며, 온유함은 구원의 소망을 지원해줍니다. 온유함은 성내는 것(20절)과 정반대입니다(벵겔).

22절 "너희는 말씀을 행하는 자가 되고." 19절에서는 말하기보다 듣기를 속히 하라고 했습니다. 이 구절에서는 듣기보다 행하는 자가 되라고 말합니다(참조. 계 1:3). 한 단계 상승한 믿음입니다. 성도는 말씀을 들었으면 그대로 행해야 합니다. "행하는 자"는 늘 행한다는 뜻입니다. 말씀대로 살 때 성령이 함께하시고, 신앙생활이 더 윤택해지며, 신비한 현상도 자주 일어납니다. 우리 육체는 일하지 않아도 기본적으로 몸의 생명을 유지하기 위한 에너지가 필요하지만, 그보다 더 많은 에너지를 섭취해서 마땅히 할 일을 감당해야 합니다. 이와 마찬가지로 우리 영혼도 양식을 먹어야 생명을 유지하며, 더불어 영적인 사명도 감당할 수 있습니다. 말씀을 먹어 속사람이 성숙해지면 기도하고 봉사하며 말씀도 증거하는 등 주님이 원하시는 일을 신속하고 꾸준하게 행해야 합니다. 말씀을 먹기만 하고 주님의 일을 하지 않으면 속사람이 성장하지 않고 은혜가 소멸됩니다. 어린아이가 영양분을 섭취하고 부단히 움직이며 에너지를 발산할 때 자라는 것처럼, 영적으로도 영의 양식을 섭취했으면 행동해야 속사람이 강해집니다. 겉으로 보기에는 특별한 변화가 없어 보여도, 분명 영적 성장이 가시적으로 나타나고, 능력도 커지며, 하늘나라에 상급이 쌓여갑니다.

"듣기만 하여 자신을 속이는 자가 되지 말라." 19절에 이어 추가로 말합니다. "자신을 속이는 자"라는 말은 사실 여부를 떠나서 그릇되게 자신을 평가함으로 자신을 반역한다는 뜻입니다(이상근). 복음을 듣고 구원의 길을 알았는데도 듣는 것으로 끝나고, 구원을 위한 어떤 행동도 하지 않는 상태입니다. 행동으로 옮기지 않는다면 진심으로 마음에 받아들인 것으로 인정할 수 없습니다. 그뿐만 아니라 섭취한 영양분이 열매를 맺는 데 사용되지 않고 증발한 것입니다. 행하지 않는다면 그 믿음은 신출내기이거나 아니면 가면을 쓴 가짜입니다. 자신을 얼마나 많이 속이는지는 사람마다 차이가 있을 것입니다. 만약 농사를 지었다면 그동안 얼마나 열심히 일했는지는 가을에 맺는 열매로 알 수 있습니다. 씨를 심고 관리에 최선을 다했다면 상당한 양의 열매가 맺혔을 것이고, 게을

러서 방치했다면 열매는 고사하고 잡풀만 무성할 것입니다. 현대판 바리새인은 하나님은 만나지 않고, 말씀은 존중하지만 그 말씀을 따르지 않는 자들입니다(구태일).

23절 "누구든지 말씀을 듣고 행하지 아니하면 그는 거울로 자기의 생긴 얼굴을 보는 사람과 같아서." 옛날부터 사람은 자기 얼굴을 보기 위해 거울을 보았습니다. "자기의 생긴 얼굴"이란 본래 얼굴이라는 뜻입니다. 이 당시에는 구리를 반질반질하게 닦아서 자신의 얼굴을 비추었습니다. 값이 비싸서 구리 거울도 구비하지 못한 집이 많았고, 소유하고 있다고 해도 모든 방마다 비치한다는 것은 아주 어려웠습니다. 게다가 구리 거울은 유리가 아니므로 얼굴 윤곽이 희미하게 보였습니다.

24절 "제 자신을 보고 가서 그 모습이 어떠했는지를 곧 잊어버리거니와." 구리로 만든 거울이기 때문에 얼굴을 비쳐 보았다고 해도 형상이 확실하게 비치지 않기 때문에 자기 얼굴이 어떠했는지 기억나지 않을 수도 있습니다. 그렇다고 완전히 잊어버릴 수는 없습니다. 이와 비슷하게 성도가 하나님의 말씀을 들었지만, 다른 일로 분주하게 보내다 들었던 말씀이 기억에서 희미해지는 것입니다(뱅겔). 이처럼 성도가 하나님의 말씀을 듣고 실제로 행하지 않으면 시간이 조금만 지나도 기억이 희미해져, 말씀을 쉽게 잊어버리게 됩니다. 하나님 말씀은 우리 영혼을 위한 거울과 같은 것인데, 말씀대로 실천하지 않으므로 우리 영혼의 상태를 보지 못합니다. 그러므로 하나님의 말씀을 들으면 그대로 실천에 옮겨야 정확히 기억에 남게 되고, 우리의 영적 자산이 됩니다. 말씀을 실천할 때 심도 있게 말씀을 연구하게 되고, 말씀의 능력을 체험할 수 있습니다. 그런 진보가 이루어질 때 하늘에서 영적인 은혜가 쏟아집니다. 영적 행복은 빈말로 얻을 수 있는 것이 아니라 우리의 선한 의향을 실행에 옮길 때 얻을 수 있습니다(존자 베다). 실행하지 않으면 자신의 영적 상태를 점검할 기회를 잃게 되고, 홍수에 떠내려가듯 말씀이 사라집니다. 사도 야고보는 믿음에서 행동의 비중을 크게 보고 있습니다.

25절 **"자유롭게 하는 온전한 율법을 들여다보고 있는 자는."** 23-24절은 말씀대로 실행하지 않는 자를 가리키고, 25절은 실행하는 자가 받는 복을 가리킵니다. 야고보는 이것을 "자유롭게 하는 온전한 율법"이라고 말합니다. 이 율법은 노예처럼 외부의 제재 때문에 행하는 율법이 아니라, 신자의 거듭난 심령으로 자진해서 행하는 복음적 율법을 가리킵니다(박윤선). 신약의 율법은 "온전한 율법"이고, 율법을 지키는 자는 자유로워집니다. 주님이 우리 죄를 위해 죽으셨으므로 성도는 날마다 회개하면서 자신을 깨끗하게 하여 성령이 함께하심으로 법을 지키게 됩니다. 하나님이 율법을 제정하신 목적은 사람을 속박하기 위해서가 아닙니다. 우리는 율법을 부담스럽게 받아들이지만, 그것을 깊이 알고 행동하면 율법은 어려운 것이 아닙니다. 율법은 성경의 말씀이고, 모세 오경, 좁게는 십계명을 말합니다. 믿음의 사람이 성경을 읽으면 영혼이 맑아지고, 죄지을 생각이 사라집니다. 자연히 하나님의 법도 잘 지키게 되고, 죄가 그에게서 떠나므로 마귀의 활동도 약해집니다. 그래서 영혼, 육체,

삶이 자유로워집니다. 즉, 율법을 지킬 때 우리는 자유롭게 된다는 뜻입니다. 그 법은 지키기가 어렵지 않습니다.

성경은 "진리를 알지니 진리가 너희를 자유롭게 하리라"(요 8:32)고 말씀하는데, 이는 이론이 아니라 실제입니다. 하나님을 깊이 알고 하나님께 가까이 나아가면, 자유가 있고 하나님의 마음을 알게 됩니다. 또 그 법을 지킬 수 있는 여력이 있어서 그 법에 중압감을 느끼지 않게 됩니다. 우리 속에 하나님의 말씀이 가득하고 은혜가 넘치면, 하나님이 명령하시는 법을 대부분 즐겁게 지킬 수 있습니다. 성도는 하나님을 아는 지식과 순종하려는 마음으로 율법을 준수하게 됩니다.

24절은 제 자신을 잊는 사람에 대해 이야기했고, 25절은 "들여다보고 있는 자"에 대해 이야기합니다. "들여다보고"라는 말은 거울 면에 잘 나타나지 않는 숨은 대상을 수색하는 모습을 함축합니다(벵겔). 그곳을 들여다보거나 또한 그곳에 거한다는 말로 해석할 수 있습니다. 즉, 온전한 율법 속에 성도가 거한다는 것입니다. 율법을 탐색하고 인식한 후 거기에 앉아 있다는 것으로, 이는 행동으로 옮기고 실행하는 것입니다.

"듣고 잊어버리는 자가 아니요 실천하는 자니 이 사람은 그 행하는 일에 복을 받으리라." 하나님의 말씀을 듣고 잊어버리는 사람은 실행할 수 있는 기회를 상실했고, 결국 하나님의 복을 받지 못합니다. 그러나 실천하는 사람은 하나님의 축복을 받습니다. (말씀을 기억하고 법을 지키는) 참된 믿음은 행동으로 이어집니다(댄 매카트니). 율법을 잘 지키려면 지식으로만 알고 있는 것이 아니라 실천해야 합니다. 그래야 진정으로 영적·육적 자유를 누릴 수 있습니다. 야고보는 율법 이야기를 꺼내면서 이것도 실천해야 한다고 말하는 것입니다. 하나님은 우리에게 법을 지킬 수 있는 힘을 주시고, 법을 지키게 하시며, 법을 지키면 자유를 주시고 그 위에 복까지 주십니다. 하나님은 성도가 복을 받으면서 살기를 원하십니다. 복을 강조하면 기독교가 미신이 되는 것 같아 꺼려진다는 사람도 있습니다. 여러 종교나 신앙 집단에서 기복적인 복을 강조하기 때문에 그런 반감이 들 수 있습니다. 그러나 성경은 하나님 말씀대로 살면 분명히 복을 받는다고 선언합니다. 독실한 신자는 영적인 복을 받아야 하고, 나아가 건강의 복, 물질의 복, 환경의 복도 받아야 합니다. 그리고 하늘나라에 가서도 환영받는 자가 되어야 합니다. 복을 받는 믿음이 되면 마귀의 공격도 급속히 줄어듭니다. 이 모든 복을 받는 출발은 실천입니다.

헛된 경건

26절 "누구든지 스스로 경건하다 생각하며 자기 혀를 재갈 물리지 아니하고 자기 마음을 속이면 이 사람의 경건은 헛것이라." 야고보는 행함이란 무엇인지 예를 들어 가르쳐줍니다. 그는 하나님 말씀을 실천으로 옮기지 않고 말만 하는 사람이 있다고 합니다. "경건하다 생각하며", 즉 그들의 정체는 경건한 척하지만 외식하는 자들이라는 것입니다. 아마도 예배를 열심히 드리고, 더 많은 것을 알며, 더 고상한 마음을 가진 자일 것입니다(벵겔). 그러나 그들은 진정으로 경건에 이르지 못했으면서 스스로 경건하다고 생각하므로 그들 자신을 속이는 자입니다. 또한 경건한 사람보다 말이 더 많으니, 이 또한 남을 속이는 행위입니다. 가면을 쓰고 하나님과 이웃과 자신에게 거짓된 행위를 드러냅니다. 세상에서 이것처럼 무서운 일이 없습니다.

"자기 혀를 재갈 물리지 아니하고"에서 "재갈"은 말이 자기 마음대로 풀을 뜯어 먹거나 원하는 곳으로 가지 못하도록 쇠로 만든 기구를 입에 물리는 것입니다. 이 재갈을 말의 입에 물려 놓으면 말은 꼼짝할 수 없습니다. 야고보는 성도 중 말을 함부로 하며 떠들어대는 사람이 있는데, 차라리 재갈을 물렸으면 시원하겠다고 하는 것입니다. 그들이 쏟아내는 말의 내용은 자화자찬이고, 진리를 밝히 알고 있는 것처럼 과장하여 말하는 것이 틀림없습니다. 아무리 오래 신앙생활을 했어도, 온갖 박해에도 믿음을 지켰어도, 아무리 높은 직책에 있을지라도 말이 과장되면 가치가 떨어집니다. 자신을 높이기 위한 조작된 말도 금해야 합니다. 지도자 위치에 있는 사람일수록 입에 재갈을 문 것처럼 가능한 언어 사용에 절제하는 것이 유익합니다. 자기 생각, 특히 쓸데없는 말이나 공동체에 불이익이 되는 말은 삼가야 합니다. 그로 인해 자기 인격의 문제점을 드러내고 공동체에 손해를 끼칠 수 있기 때문입니다. 다윗은 "여호와여 내 입에 파수꾼을 세우시고 내 입술의 문을 지키소서"(시 141:3)라고 했습니다. 혀는 비난, 거짓말, 중상모략, 농담, 거짓 약속, 불평등의 죄를 짓습니다(벵겔). 보나벤투라는 이렇게 말합니다. "하나님의 친구여, 말은 적게 하고 조용히 하라!"

"자기 마음을 속이면"이라는 말씀은 함부로 말하면서 스스로 경건하다고 생각하는 사람은 자기 마음을 속이는 것이라는 뜻입니다. 잘 알지도 못하면서 많이 아는 듯 말을 많이 하고, 영적으로 깊고 수준이 높은 척했다면 스스로 속게 된다는 것입니다. 사실 자신이 어떤 수준인지 스스로 분별하지 못할 수가 없습니다. 그러나 자신을 속이고 헛된 말을 하니 그의 경건이 헛되다는 것입니다. 자기 마음을 속이지 않는 것이 참된 신앙심의 기본입니다(안드레아스).

이 경건에 대해 두 가지로 설명할 수 있습니다. 첫 번째 나오는 '경건'(헬, 드레스코스, θρησκὸς)은 '신앙심'이라고 할 수 있습니다. 사실, 경건이란 하나님 앞에서 사는 것입니다. 내가 하나님 앞에서 이렇게 산다는 마음을 갖는 것이 정상인데 그의 삶의 모습을 보니 거룩함은 찾기 어렵고, 도리어 말이 많고 절제하지 않는 모습을 보여주니 그의 경건이 헛것이라는 말입니다. 그런데 여기서 두 번째 사용한 '경건'(헬, 드레스케이아, θρησκεία)은 의미가 약간 다릅니다. 헬라어 원문을 보면 어원은 같으나 다른 단어입니다. 여기서 경건은 주로 '종교 행위'를 가리킵니다. 그래서 예배나 기도 같은 것이 포함됩니다. 그러므로 절제하지 못하고 함부로 말하는 사람의 예배나 기도는 경건하지 않으므로 하나님께 드려지기 어렵고 믿을 수도 없습니다. 교회에서 함부로 행동하거나 언성을 높여 교회를 소란스럽게 하거나, 다른 성도가 시험에 들게 하는 언행을 일삼는 자는, 그의 경건 또한 믿을 수 없습니다. 그의 신앙심과 그의 신앙 행위도 다 믿을 수 없습니다.

우리는 기도를 많이 하는 사람의 경건은 믿을 수 있다고 생각합니다. 그런 사람이 하나님의 사랑과 은혜를 많이 받을 것으로 생각합니다. 그러나 그렇게 평가받는 사람이 교회 공동체에 손해를 끼치는 말을 조심성 없이 한다면, 그 사람의 신앙생활은 헛되다고 할 수 있습니다. 그러므로 신앙생활에서 중요한 것은 예배나 기도뿐만 아니라 언어생활로, 이는 교회 안에서 성도들에게 덕을 끼칩니다.

27절 "하나님 아버지 앞에서 정결하고 더러움이 없는 경건은." 여기서 세 번째 경건이 나옵니다. 이 '경건'(헬, 드레스케이아, θρησκεία)도 종교 행위를 가리키는데, 결국 앞 절과 이어집니다. 앞 절에서는 잘못 행동한 경건을 가리키고, 여기서는 참된 경건을 가리킵니다(이상근). 그래서 참된 경건은 "하나님 아버지 앞에서"가 강조됩니다. 하나님이 감시자이십니다. 그래서 말을 함부로 하는 사람은 스스로 경건하다고 생각할지라도 그것은 정결하지 못하며 더러운 것을 소유했다는 것입니다. 그래서 우리는 사람의 말이 경건과 관계가 깊다는 것을 알 수 있습니다. 평상시 사용하는 말이 경건한 사람이 진정으로 경건한 사람이고, 진리를 아는 척하는 말, 더러운 말, 시험에 들게 하는 말, 문제를 일으키는 말을 하는 사람의 경건은 믿을 수 없다는 것입니다. 이런 문제를 가진 사람은 하나님 앞에서 있는 사람이 아닙니다. 아마도 하나님을 낯설어할 것입니다.

"곧 고아와 과부를 그 환난중에 돌보고." 또한 경건한 사람은 어떤 사람인지에 대해 말합니다. 바로 고아와 과부를 환난 중에 돌보는 사람이라는 것입니다. 초대교회 성도들이 이방 땅에 거주하는 동안 경제적인 고통을 많이 겪었을 것입니다. 특히 고아와 과부는 더욱 어려운 상황에 있었을 것이 뻔합니다. 자기 형편이 어렵다면 어려운 사람을 돕는 것이 쉬운 일은 아닙니다. 이 구절에서 경건한 사람은 매일 기도하고 예배드리며 거룩하게 행동하는 사람을 가리키는 것만은 아닙니다. 예배 시간에 오직 예배를 받으시는 하나님께만 집중하고, 또한 공동체에 피해를 줄 수 있는 부정적인 행동은 자제하는 것이 필요합니다. 그렇지만 여기서 한 걸음 더 나아가 말을 조심하고, 어려운 상황에 빠진 사람을 사랑으로 적극적으로 도와야 합니다. 이런 믿음의 실천이 없으면서 '스스로 경건하다'고 믿는 것은 자신을 속이는 행위입니다.

"또 자기를 지켜 세속에 물들지 아니하는 그것이니라." 이 당시 로마 시대의 풍습에 관해서는 사람들이 익히 알고 있습니다. 이 시대는 여러 면에서 문제가 많았습니다. 세상은 항상 어둡고 더러웠지만, 시대마다 그 오염도의 차이가 있습니다. 그런데 로마 시대의 타락상은 말로 표현하기도 민망할 내용이 많습니다. 지금 야고보는 이 편지로 로마의 통치 아래 있는 성도들에게 믿음을 잘 지키고 세상과 타협하지 말라고 가르치고 있습니다. 세상과 구별되지 않는다면 그 성도가 가진 경건의 순수성을 의심할 수밖에 없습니다. 세상과 다르게 행동하면 할수록 하나님 앞에 바르게 살려고 노력하는 사람이라고 인정할 수 있습니다. 세상과 얼마나 구별되게 살아가는지는 사람마다 다를 것입니다. 경건한 사람으로 살기 위해 최대한 세상과 섞여 살지 않도록 노력해야 합니다. 따라서 하나님의 자녀 된 사람은 하나님의 성품을 나타내야 하며, 하나님의 일을 실천해야 합니다(댄 매커트니).

2장

JAMES

차별하지 말라

1절 "내 형제들아 영광의 주 곧 우리 주 예수 그리스도에 대한 믿음을 너희가 가졌으니." 성도가 믿는 주님은 "영광의 주"이십니다. 주님은 이 땅에서 어려움과 고난을 다 겪으셨지만, 마침내 승천하시고 하늘에서 영광을 받으셨습니다. 그분을 믿는 성도도 영광스러운 존재입니다. 성경은 어떤 내용을 말할 때 항상 대전제를 미리 언급하고 이야기합니다. 그래서 첫마디를 보면 앞으로 어떤 논리를 펴나가려고 하는지 어느 정도 짐작할 수 있습니다.

"사람을 차별하여 대하지 말라." 교회 안에서 사람을 차별하여 받지 말라는 말입니다. 이는 교회가 낯선 부자들을 받아들이고, 널리 흩어져 살고 있던 가난한 그리스도인을 대우하는 방식을 가리킵니다(뱅겔). 차별은 믿음에 위배되는데, 이는 그것이 사랑의 율법에 위반되기 때문만은 아닙니다. 가난한 자를 하대(下待)하는 것은 하나님의 성품과 정반대이기 때문입니다. 사람을 차별한 기준이 무엇이었는지는 이어지는 구절에 나옵니다. 즉, 경제력으로 사람을 차별한 것입니다. 사람을 차별하려고 들면 한도 끝도 없습니다. 차별의 기준은 설정하기 나름이기 때문입니다. 사회적 지위가 영향을 끼칠 것입니다. 외모도 무시할 수 없을 것입니다. 지식의 깊고 얕음도 기준이 될 것입니다. 물론 이때가 로마 시대이니 시민인지 아니면 노예인지 하는 신분도 중요한 판단 기준이 되었을 것입니다. 그러나 대부분 경제력으로 차별한 경우가 많았습니다.

우리 삶에서 경제력이 크게 중요한 요소인 것은 사실입니다. 그래서 우리가 일에 열중하는 가장 큰 이유는 노력에 대한 대가를 얻기 위해서입니다. 아무리 노력하고 애써도 경제적인 유익을 누리지 못한다면 사람들은 그 일을 계속하려고 힘쓰지 않을 것입니다. 노력에 대한 경제적 대가가 가시적으로 나타날 때 자신의 선택을 흡족해하기 마련입니다. 그래서 어느 시대나 경제력은 삶의 중요한 요소입니다. 이 본문에서도 야고보는 여러 지역으로 흩어져 신앙생활을 하는 성도들에게 경제력과 관련해 교훈하고 있는 것입니다. 야고보는 교회 공동체에서 사람을 차별하는 일이 벌어지고 있는데 그 이유가 경제력 때문이라고 지적합니다. 이들은 주님을 믿고 장차 천국에 가려는 목표가 있는 사람들이었습니다. 그렇다면 이 세상의 조건에 크게 영향받지 않는 것이 합당합니다. 야곱은 세상적 조건으로 사람을 판단하지 말라고 가르치고 있습니다. 이런 문제점을 고치려고 성령님이 야고보를 통해 이 가르침을 기록하시게 한 것입니다.

2절 **"만일 너희 회당에 금 가락지를 끼고 아름다운 옷을 입은 사람이 들어오고 또 남루한 옷을 입은 가난한 사람이 들어올 때에."** 지금 야고보는 극단적 비유를 하고 있습니다. 사람이 입은 옷으로 차별하는 악행을 지적합니다. 금가락지를 끼지 않았어도 부유한 사람일 수 있고, 좋은 옷을 입었는데도 가난한 사람일 수 있습니다. 그러나 교훈을 주려고 이렇게 극단적 표현을 한 것입니다. 가락지를 손에 끼는 단장은 지금보다 옛날에 더

성행했습니다. 이 구절에 나오는 사람은 가락지를 끼고 아름다운 옷까지 차려입었습니다. 금가락지를 끼고 아름다운 의상을 차려입은 사람은 객관적으로 부유한 자라고 할 수 있습니다. "들어오고"의 의미는 '낯선 사람이 들어오고'입니다(뱅겔). 이런 부자가 회당에 처음 들어왔고, 또 남루한 옷을 입은 가난한 사람도 처음 들어왔습니다. 그들이 거룩한 모임인 회당에 찾아온 것입니다. 회당은 오늘날 교회와 비슷한 용도입니다. 회당에서 예배드리고 행사하는 것이 교회와 닮았습니다.

3절 **"너희가 아름다운 옷을 입은 자를 눈여겨 보고 말하되 여기 좋은 자리에 앉으소서 하고."** "눈여겨 보고 말하되"라는 말은 그 행색이 멋져 보이므로 감탄하며 하는 말입니다. 그가 어떤 사람인지 아직 알지 못하지만, 옷만 보고 존경하는 태도를 보입니다. 만일 그가 이교도였더라도 그렇게 했을 것입니다(뱅겔). 그들은 그를 높이며 좋은 자리에 앉으라고 하면서 깍듯한 태도를 취한 것입니다. 야고보는 이것을 시정해야 할 것으로 보았습니다.

여기서 우리가 생각해볼 점이 있습니다. 좋은 옷을 입고 회당에 들어온 사람에게 좋은 자리를 내어주는 것이 꼭 불의한 행동인가 하는 것입니다. 오늘날 교회를 생각해보면 좋은 좌석이나 불편한 좌석이 있을 수 없지만, 초대교회 당시에는 앉는 자리에 차이가 있었습니다. 회당도 잘 지어진 회당이 있고, 반면 오래되고 허름하거나 예산 부족으로 부실하게 건축한 회당도 있었습니다. 이 본문에서 말하는 회당은 잘 지어진 회당이 아닙니다. 초대교회 때는 흩어져서 생활하던 성도들이 모여 회당을 세웠기 때문에 회당의 환경이 좋지 않을 가능성이 큽니다. 그러므로 그 회당 안에는 좋은 자리와 좋지 않은 자리가 있을 수밖에 없습니다. 초대교회는 지금부터 약 2000년 전이고, 대부분 성도가 타국살이를 하는 사람들이었기에 환경이 열악했을 가능성이 큽니다. 그런 회당에 아름다운 옷, 즉 비싼 옷을 입은 새로운 사람이 오면 아무 데나 앉게 할 수 없을 것입니다. 부자라면 아마도 그 지역 토박이일 가능성이 높습니다. 그 사람이 불편하거나 청결하지 못한 자리에 앉게 되어 비싼 옷이 더러워지거나 찢어지면, 그에 대한 예의가 아닌 것도 고려해야 합니다. 물론, 굳이 회당에 비싼 옷을 과시하듯 입고 온 것도 바람직한 모습은 아닙니다. 그렇지만 만약 그 사람이 회당에 처음 나온 사람이라서 아직 회당의 의미와 분위기에 익숙하지 않다면, 도리어 좋은 모습으로 참석하기 위해 아름다운 의상을 잘 갖춰 입은 것일 수도 있습니다. 그러므로 그를 우러러보고 좋은 자리를 배정해준 성도를 책망할 수 없고, 되도록 좋은 의자에 앉을 수 있도록 섬기는 태도는 당연합니다.

그러나 야고보가 지적하는 것은 단순히 '부자이니까 잘 대접해야 한다'는 자세입니다. 반대로 생각하면, 경제적으로 "남루한 옷을 입은 가난한 사람"(2절)은 별생각 없이 가볍게 대할 것이기 때문입니다. 차별은 이렇게 생겨납니다. 야고보는 가난한 사람을 대하는 성도들의 행동을 계속 지적합니다.

"또 가난한 자에게 말하되 너는 거기 서 있든지 내 발등상 아래에 앉으라 하면." "거기 서 있든지"는 "좋은 자리에 앉으소서"와 비교되는 말입니다. '거기'는 안내하는 사람과 가까이 있는 곳을 가리키는 것이 아니라 '우리에게서 떨어져 거기 서 있으라'는 뜻입니다(뱅겔). 그 당시 회당에서는 서 있는 경우, 의자에 앉는 경우, 바닥에 앉는 경우가 있었습니다. 모든 성도가 앉을 수 있는 의자가 있다면, 가난한 사람이라고 굳이 빈자리를 두고 선 채로 예배드리게 할 필요는 없습니다. 그러므로 그 당시 회당의 환경은 참석한 모든 사람에게 의자를 제공할 수 없어서 나중에 오는 사람은 서서 예배드리는 경우가 있었습니다. "내 발등상 아래에 앉으라"고 한 것은 사람들이 모두 의자에 앉아 있어 더는 앉을 자리가 없어서 일부는 서서 예배드려야 하는 상황을 염두에 두고 한 말입니다. 아마도 회당이 비좁아서 앉을 자리가 부족했을 것이고, 서 있을 공간도 넓지 않았을 것이 분명합니다. 그나마 서 있는 것보다는 어디라도 앉아서 예배드리도록 편의를 제공하려고 사람들이 앉아 있는 의자의 앞쪽 바닥에 앉으라고 한 것입니다. 일찍 온 성도들이 이미 의자에 앉았고, 그 가난한 사람은 늦게 와서 앉을 자리가 없으니 어쩔 수 없이 이렇게 말한 것이라고 할 수 있습니다. 그러나 부자에게는 빈자리를 찾아주거나, 아니면 자신의 좌석을 양보하면서까지 깍듯이 대우한 것이 분명합니다. 야고보는 이러한 행동에 대해 경제력을 기준으로 사람을 차별하지 말라고 따끔하게 책망하는 것입니다

물론, 부자는 회당에 헌금도 많이 내고 여러 가지 기여를 할 것입니다. 어떤 회당이든지 부유한 사람이 출석할 수 있고, 꼭 그런 것은 아니지만 회당에 선한 영향력을 끼치기도 할 것입니다. 이 경우 회당장이든 안내위원이든 회당 구성원들은 그를 잘 대우할 것이고, 예배 좌석을 배정할 때 호의를 베푸는 것이 어쩌면 당연할 수도 있습니다. 그러나 어떤

안내위원은 부유한 사람이 들어오면 예배드리는 중인데도 구태여 앞쪽 자리로 인도합니다. 그들이 걷는 소리에 성도들의 시선이 집중되고 예배에 방해되는 일도 일어날 수 있습니다. 물론 이런 상황이 벌어진다고 해서 회당이 부자만 좋아하고 가난한 사람들은 차별하는 천박한 집단은 아닙니다. 성도들도 허물 있는 죄인이고 아직 미성숙한 부분이 많아서 처신을 잘 못하는 경우도 있음을 이해하고 용납해주어야 합니다. 야고보가 지적한 부자는 아마도 처음 출석했거나 몇 번 참석하지 않은 신입회원일 것입니다. 신앙훈련을 잘 받은 부자라면 아무리 성도들이 훈훈히 대접해주어도 사양하고 겸손하게 행동했을 것입니다. 아마도 그 당시 회당 성도들은 새로 출석한 부자들에 대해 경외심과 두려운 감정을 복합적으로 느꼈을 것입니다.

4절 **"너희끼리 서로 차별하며 악한 생각으로 판단하는 자가 되는 것이 아니냐."** 야고보는 그들끼리 부자와 가난한 자를 차별 대우하는 잘못을 지적합니다(이상근). 회당에서 이 말씀을 따라 경제력을 기준으로 사람을 차별하지 않아야 하는 것은 재론의 여지가 없습니다. 회당에서는 하나님 말씀에 근거하여 성도를 바라보아야 하지, 개인의 기준으로 성도를 판단할 수 없습니다. 또한 공적 예배에 참석한 사람은 누구라도 똑같은 대우로 접대하는 것이 옳습니다. 야고보는 물질로 사람을 판단하는 것을 악한 생각으로 판단하는 것이라고 몰아세웠습니다. 유대 율법도 부자와 가난한 자를 차별하지 말라고 했습니다. 그러므로 하나님을 믿는다면 모든 사람의 인권을 존중하고 평등하게 대해야 합니다. 야고보는 부자들은 거만함에 취해 있으며, 그 속에는 악한 생각으로 가득 차 있다고 경험적으로 판단하고 있습니다.

5절 **"내 사랑하는 형제들아 들을지어다 하나님이 세상에서 가난한 자를 택하사 믿음에 부요하게 하시고."** "들을지어다"는 악한 생각으로 사람을 판단한 성도들을 향한 엄중한 경고의 말입니다. "가난한 자를 택하사 믿음에 부요하게 하시고"라는 말에서 중요한 것은 "믿음의 부요함"입니다. 그러나 가난 자체가 믿음을 부요하게 하는 조건은 아닙니다. 하나님은 가난한 자를 택하셔서 그 가난의 문제를 당장 해결해주시지 않습니다. 물론 부유하게 해주실 수도 있지만, 믿음의 부요함이 더 소중합니다. 만일 어떤 부자가 선한 믿음을 소유한 성도라면 그는 자신의 물질적 부유함을 별것 아닌 것으로 생각할 것입니다. 그 당시 그리스도인은 대개 가난했고, 부유한 자로 그리스도인이 된 사람은 극소수였습니다(뱅겔). 그러나 가난하지만 믿음이 부요한 경우가 많았습니다. 그 당시 본토를 떠난 사람, 특히 박해를 받아서 고향을 버린 사람은 더욱 그러했습니다.

긍정적으로 보면 가난도 유익합니다. 경제적으로 가난할 때 우리는 믿음 생활에 더 집중할 수 있고, 영적으로 갈급할 때 믿음에서 부요해질 수 있습니다. 또 병들었을 때 주님을 더욱 의지하고 사모하게 됩니다. 이 세상에서 믿음이 부요한 것보다 귀한 것은 없습니다. 경제적으로는 부유하지만, 가정이 불화하고 여러 가지 힘든 문제를 겪는 경우도 많습니다. 한편, 성경에서 말하는 가난이 경제적인 가난만 한정한 것이 아님을 기억해야 합니다. 경제적 가난뿐 아니라 영적 가난, 심리적 가난, 환경적 가난도 있습니다. 마음이 가난한 사람은 경제적으로 아무리 부유해도 만족하지 못한 채, 그 빈 공간을 무엇으로든 채우려고 시도합니다.

"또 자기를 사랑하는 자들에게 약속하신 나라를 상속으로 받게 하지 아니하셨느냐." "약속하신 나라"는 하늘나라를 말합니다. "자기를 사랑하는 자"들은 영적으로 갈급한 마음을 갖는 사람입니다. 상속은 부모가 자녀에게 기업을 물려주는 것으로, 하나님은 사랑하는 성도에게 물려주십니다. 하나님이 영적으로 가난한 사람을 택하셔서 믿음을 부요하게 하시고, 그분이 약속하신 나라인 천국을 그가 상속받게 하신다는 것입니다. 이 말씀은 마태복음 5장의 산상수훈을 떠오르게 합니다. 주님은 심령이 가난한 자와 마음이 청결한 자가 천국을 소유할 것이라고 가르쳐주셨습니다. 특히, 성경은 영적 가난함을 많이 언급했는데, 영적 가난함은 영적 갈급함을 말합니다. 영적 부유함도 있는데, 만약 자신이 영적으로 부유하다고 주장하는 사람이 있다면 그것이 진정한 부유함인지는 따져보아야 합니다. 실제로, 영적으로 부유하지 않으면서도 스스로 부유하다고 생각하는 사람이 너무나 많기 때문입니다. 그런 사람에 비한다면, 영적으로 갈급해하는 영적으로 가난한 사람이 하나님 앞에 나아갈 때 더 좋은 조건을 가진 것입니다. 그런 사람은 믿음이 더 굳건해지고, 영적으로 성장하고 발전할 가능성이 있습니다. 그래서 물질적 가난이든 영적 가난이든, 가난이라는 요소가 사람을 무시해도 되는 조건이 될 수 없음을 확실하게 가르쳐주고 있습니다. 그들도 하나님의 사랑을 받고 천국에 갈 것을 인정하면서 각별히 존중해야 합니다. 하늘나라를 상속해주신다는 하나님의 약속은 우리에게 말씀대로 살게 하는 동기를 부여합니다. 결국 하나님 나라를 상속받는 열쇠는 믿음이고, 이 믿음을 주시는 것은 하나님의 선택입니다(댄 매카트니).

6절 **"너희는 도리어 가난한 자를 업신여겼도다 부자는 너희를 억압하며 법정으로 끌고 가지 아니하느냐."** 야고보는 부유한 유대인들을 염두에 두고 말합니다. 야고보가 경험한 부자는 대부분 사두개인이었고, 이 시기에(AD 35-65년) 그들은 가난한 유대인들을 포악하게 압제했습니다. 그들은 어디서든지 그리스도인을 괴롭히는 것을 일과로 삼았습니다. 야고보는 부유한 유대인들이 가난한 유대인들을 멸시하며 대할 때 그들에게 허리를 굽히고 굽실굽실할 아무런 이유가 없다고 생각합니다(렌스키). 하지만 흩어진 유대인들이 어디에 살든 그곳에 사는 부자들이 이런 행태를 보일 것은 뻔했습니다. 물론, 모든 부자가 아무 이유 없이 그리스도인을 억압하고 법정으로 끌고 간다는 것은 아닙니다. 다만, 많은 부자가 가난한 사람을 대할 때 그들을 아무것도 아닌 존재로 생각하는 경향이 있었다는 것이 무서운 일입니다. 그러므로 이 구절이 말하는 부자는 하나님을 믿지 않거나 믿음이 적은 자들을 가리킵니다. 하나님 없이도 잘 살 수 있다고 생각하는 자, 자신이 부유한 것이 자신의 뛰어난 능력과 노력으로 된 것처럼 당당한 자, 즉 무가치한 자들을 가리킵니다. 가난한 자가 가치 없는 것이 아니라 가난한 자를 업신여기는 믿음 없는 부자가 무가치한 것입니다. 이 구절에서 그들의 부함은 하나님의 축복으로 이루어진 것이거나 정상적인 활동으로 쌓은 것이 아니라, 축복받을 수 없는 미심쩍은 부분이 있는 부자라는 의미가 있습니다.

또 다른 의미의 부자가 있습니다. 그 당시는 로마가 지배하는 시대였고, 로마 시민은 소수였습니다. 그들은 권력과 재물을 소유할 기회가 많았습니다. 그들은 자기 수하의 사람들을 억압했고, 불순종한 자들을 법정으로 끌고 갔으며, 짐승에게 하듯 폭력을 행사하고 살해하기까지 했습니다. 그래서 그 당시 부자는 권력을 독차지한 로마의 시민으로서 부자인 사람을 말합니다. 야고보는 경제적이든 영적이든 가난한 사람들이 하나님의 보호와 사랑을 받는다고 말합니다. 그런데 회당 회원인 성도들이 이 사실을 까맣게 잊어버리고 가난한 자를 업신여기는 부당한 대우를 한 것입니다. 그러고는 부자를 우대했는데, 그것이 잘못된 행동이라고 지적한 것입니다.

7절 "그들은 너희에게 대하여 일컫는 바 그 아름다운 이름을 비방하지 아니하느냐." "그 아름다운 이름"은 예수 그리스도를 믿는 사람들을 가리킵니다. 택함받았고 천국을 상속받을 사람들입니다. 하나님의 자녀가 되어 생명책에 적힌 이름처럼 아름다운 이름은 이 세상에 없습니다. 그런데 부자들이 하나님의 자녀요 그리스도인인 성도들을 가난하다고 해서 비방한 것입니다. 당시 성도들이 지배층이나 부자들에게 천대받았다는 것을 짐작할 수 있는 대목입니다. 비방한 이들은 대부분 믿지 않는 이방인들이었습니다. 예루살렘에서도 타지방에서도 그리스도인은 부자가 거의 없었습니다. 신앙이 좋은 부자라면 이렇게까지 행동하지 않을 것입니다.

8절 **"너희가 만일 성경에 기록된 대로 네 이웃 사랑하기를 네 몸과 같이 하라 하신 최고의 법을 지키면 잘하는 것이거니와."** "최고의 법"은 하나님이 만드신 법, 곧 사랑의 법으로 구약성경을 인용합니다(레 19:18). 이 법 자체의 권위 때문에 성도는 사람의 뜻에 얽매이지 않습니다(뱅겔). 오히려 이 법은 자유하게 하는 법입니다(12절). 하나님이 최초로 아담을 만드셨고, 모든 사람은 아담의 후예입니다. 그러므로 모든 사람은 하나님의 형상을 입고 있습니다(창 1:27). 그 왕이 법을 만들었는데 바로 서로 사랑하라는 것입니다. 그분은 몸소 인간을 사랑하셨습니다. 그러면서 그 왕은 절대 사람을 외모로 취하라고 말씀하신 적이 없습니다. 그러므로 사람은 모두가 소중합니다. "네 이웃 사랑하기를 네 몸과 같이 하라"고까지 하셨습니다. 이것을 안다면 권력이나 경제적인 이유로 사람을 차별할 수 없습니다. 다시 말하지만, 믿음의 행위는 믿는 대상(하나님)의 성품을 드러내야 합니다(댄 매카트니). 하나님을 진실로 믿는다면 신성한 성품에 참여해야 합니다(벧후 1:4).

9절 **"만일 너희가 사람을 차별하여 대하면 죄를 짓는 것이니 율법이 너희를 범법자로 정죄하리라."** "사람을 차별한다"는 말에서 '차별'은 '천대'하는 것으로도 해석할 수 있습니다. 가난한 사람을 천대하고 부유한 사람은 지나치게 높이면 이는 차별하는 죄를 범하는 것입니다. 물론 많은 초대 교회에서 이런 죄를 범하지는 않았을 것입니다. 야고보는 성숙한 교회로 성장하기 위해 사전에 주의를 기울이는 것입니다. 경제력, 출신, 직업 등 어떤 이유로라도 사람을 차별하지 말아야 합니다. 모든 사람은 구원의 대상자로서 주님을 알고 주님의 사랑을 받고 함께 천국에 갈 사람이므로 똑같이 대우하려는 마음을 가져야 합니다. 사람을 차별하는 공동체는 오래 존속하기 어렵습니다. 그리고 율법도 그런 사람은 범법자로 정죄합니다. 즉, 율법을 아는 사람의 마음에는 이미 죄책감이 생겨나며, 하나님도 그를 범법자로 판단하실 것입니다. 진정한 성도는 죄에서 떠나 성결한 삶을 살아야 합니다. 개혁주의 경건에서 죄에 대한 인식은 대단히 뿌리 깊은 부분입니다(하워드 L. 라이스).

자유의 율법

10절 "누구든지 온 율법을 지키다가 그 하나를 범하면 모두 범한 자가 되나니." 갈라디아서 3장 10절의 말씀과 비슷합니다. "무릇 율법 행위에 속한 자들은 저주 아래에 있나니 기록된 바 누구든지 율법 책에 기록된 대로 모든 일을 항상 행하지 아니하는 자는 저주 아래에 있는 자라 하였음이라." 율법은 하나님이 지으신 법으로서 그분의 분명한 의지가 담겨 있습니다. 하나님이 그 법을 인간에게 주신 것입니다. 구약 시대부터 초대교회까지 하나님의 법은 늘 존재하고 있었습니다. 성도는 모세오경, 구약성경과 신약성경 그리고 좁게 말하면 십계명을 하나님의 법으로 지키고 있었습니다. 야고보는 하나님이 주신 율법을 아무리 열심히 지키려고 해도 그중 하나만 범한다면 모든 율법을 범한 자가 된다고 말합니다. 율법을 하나하나 세세히 살펴보면 그중 어느 하나도 온전히 지키기가 어렵습니다. 인간은 하나님의 법을 온전히 지킬 수 없다고 고백할 수밖에 없습니다. 그래서 하나님 앞에서 율법을 온전히 지켰다고 당당하게 말할 수 있는 사람은 아무도 없습니다. 그래서 다른 사람이 율법을 어긴 것에 대해 지적할 자격은 아무도 없습니다. 어떤 사람이 A라는 율법을 어겨서 문제가 되었을 때 그것을 지적하는 사람이 A라는 율법은 어기지 않았더라도, B나 C라는 율법을 어긴 것이 확실하기 때문입니다. 그래서 이 땅에 사는 모든 사람은 예수 그리스도의 은혜와 구속의 피가 필요합니다. 성도는 이 사실에 대해 솔직해야 합니다. 그래서 다른 사람의 허물과 부족함을 볼 때마다 죄를 지적하고 들추기보다는 사랑으로 덮고, 도리어 자신의 행위를 돌아보는 기회로 삼아야 합니다. 죄인은 드러나지 않은 죄인과 드러난 죄인이 있습니다. 드러난 죄인은 음행하는 자, 탐욕스러운 자, 거짓말하는 자, 맹세하는 자, 악담하고 험담하는 자, 도적질하는 자, 착취하는 자, 압제하는 자, 하나님을 섬기지 않고 속되게 살아가는 자, 허탄한 무리와 어울리기를 좋아하는 자, 신앙을 조롱하는 자라고 했습니다(조셉 얼라인).

11절 **"간음하지 말라 하신 이가 또한 살인하지 말라 하셨은즉 네가 비록 간음하지 아니하여도 살인하면 율법을 범한 자가 되느니라."** 이 구절은 10절에서 말한 전제를 예로 들어 설명합니다. 어떤 사람이 율법의 "간음하지 말라"는 계명을 성실히 지켰어도 "살인하지 말라"는 율법을 범했을 경우 율법을 어긴 것이라고 설명합니다. 십계명에서 어느 계명 하나라도 지키지 않았다면 그것은 십계명을 어긴 것입니다.

12절 "너희는 자유의 율법대로 심판 받을 자처럼 말도 하고 행하기도 하라."
이 말씀은 1장 25절에 나오는 "자유롭게 하는 온전한 율법"과 연관된 구절입니다. 즉, 율법을 지키면 자유롭게 된다는 의미입니다. 죽이는 것이 목적이 아니라 '자유롭게 하는 것이 목적인 율법'이라는 뜻입니다. 야고보는 앞에서 모든 사람은 다 죄를 범했다는 대전제로 설명했습니다. "말도 하고 행하기도 하라"는 것은 잘못할 경우 심판받는다는 뜻입니다. 그런데 여기서 "자유의 율법대로"라고 말합니다. 구약에서는 '율법대로' 심판했습니다. 그런데 신약에서는 "자유의 율법대로" 정죄하고 심판하신다는 것입니다. 구약에서는 죄를 지으면 정죄를 받고 징벌이 있었으므로 사람들이 두려워서 떨었습니다. 실제로 하나님이 진노하셔서 율법을 어긴 많은 사람이 대량 살생되었습니다. 구약성경에는 이런 내용이 여러 차례 나옵니다. 그래서 구약의 율법은 죽이는 율법이었습니다. 그 진노를 피하려면 짐승을 택하여 그 죄를 전가하고 그 짐승을 잡아 하나님께 피를 드려야 했습니다. 사람이 죽어야 하지만, 짐승을 대신 죽이는 것입니다. 그런데 신약 시대의 율법은 "자유의 율법"이라는 것입니다. 즉, 신약 시대의 율법은 죽이는 법이 아니고 살리는 율법입니다.

하나님은 구약의 법도 주셨지만, 예수 그리스도가 이 땅에 오셔서 하늘나라의 법을 자세히 가르쳐주시고 죄를 깨닫게 하신 후에는 회개하도록 하셨습니다. 주님이 사람을 위해 십자가에 죽으심으로 죄를 용서받을 수 있는 길을 마련하셨습니다. 그러므로 우리가 자신의 죄를 깨닫고 회개하면 용서의 피로 덮여 악한 영의 영향에서 벗어나고, 죄가 떠나며, 죄로 인한 진노를 받지 않게 되는 것입니다. 구약의 죽이는 법, 즉 율법이 없어진 것은 아닙니다. 제사법을 제외한 다른 율법은 신약 시대에도 거의 다 적용됩니다. 그렇지만 그 법이 있어도 그 때문에 사람이 죽는 것이 아니라 그 법이 있어도 즐거움으로 법을 지키고, 만약 죄를 짓게 되면 회개함으로 죄가 떠나며 생명을 잃지 않음으로 '자유의 율법'이 되는 것입니다. 주님께 나아가 회개하면 살 수 있다는 희망이 우리에게 찾아왔습니다.

똑같이 심판을 받아도 구약은 '율법대로' 심판을 받고 신약은 '자유의 율법대로' 심판을 받으므로 결과가 확연히 다릅니다. '율법'에서 '자유의 율법'으로 바뀐 것은 율법이 새로워진 것이 아니라, 똑같은 율법 위에 '긍휼의 은혜가 덮였다'는 것이 달라진 것입니다. 죄를 지은 것 때문에 심판받는 것은 자랑할 일이 아니지만, 심판을 받아도 주님의 은혜로 죄를 용서받으므로 죄 용서에 대한 감사의 표시를 할 수 있습니다. 신약의 법에 따라 모든 사람이 새로 태어났고, 자유로우며, 서로 동등합니다(아를의 힐라리우스).

13절 "긍휼을 행하지 아니하는 자에게는 긍휼 없는 심판이 있으리라." 하나님이 죄인을 심판을 하실 때 "긍휼 없는 심판"을 하실 수 있다는 것은 '긍휼 있는 심판'이 있다는 것이고, 그것이 12절에서 말한 "자유의 율법대로" 받은 심판입니다. 자유의 율법대로 심판받는 것이 긍휼 있는 심판을 받는 것이라는 말을 12절에 대입하면 "너희는 긍휼(자유)의 율법대로 심판받을 자처럼 말도 하고 행하기도 하라"는 뜻이 됩니다. 그런데 문제는 이웃에게 긍휼을 행하지 않는 자는 믿음이 없다는 증거이므로 하나님께 긍휼 없는 심판을 받는다는 것입니다. 반대로, 긍휼 있는 심판을 받고 싶으면 이웃에게 긍휼을 행해야 합니다. 하나님이 죄 많은 사람에게 긍휼을 베푸셔서 자유의 율법대로 말하고 행하게 하셨으므로 그 긍휼을 받은 대로 다른 사람에게도 긍휼을 베풀어야 마땅하다는 것입니다. 이것은 실천하기 어려운 일이 아닙니다. 하나님께 받은 대로 행하면 됩니다. 하나님은 자기 백성에게 보여주시는 언약적 사랑을 자기 백성들도 서로 나타내기를 원하십니다(댄 매카트니). 만약 우리가 부모님에게 긍휼을 많이 받았다면, 우리 자녀에게도 긍휼을 많이 베풀어야 정상입니다. 사회생활을 통해 긍휼을 많이 받았다면 우리도 사회에 공헌해야 합니다. 학교에서 장학금을 많이 받았다면, 우리도 나중에 사회에 진출한 후 후학에게 장학금을 주는 것이 도리입니다. 우리가 하나님께 받은 은혜도 마찬가지입니다. 우리는 모두 범죄하여 징계를 받고 죽어서도 지옥에 갈 수밖에 없는 인생인데, 하나님이 긍휼을 베푸셔서 지옥에 보내지 않으시고 살려주셨습니다. 게다가 갖가지 은사도 주시고 은혜도 주셨습니다. 그러니 우리도 다른 사람에게 긍휼을 베푸는 것이 마땅합니다. 은혜를 받기만 하고 주기는 싫어한다면 정상적인 그리스도인이 아닙니다. 하나님이 그런 사람에게 애정을 주실 리가 없습니다. 그래서 야고보는 긍휼을 행하지 않는 사람에게는 긍휼 없는 심판이 있다고 단호한 어조로 말하는 것입니다. 즉, '네가 행한 대로 갚으신다'는 뜻입니다. 그러므로 사랑의 마음을 품고 살아가면 하늘의 은혜가 내려옵니다.

"긍휼은 심판을 이기고 자랑하느니라." 이 구절은 긍휼의 위대성을 말합니다. 긍휼이 심판을 이긴다는 것은 하나님이 긍휼을 베푸셨다는 것으로, 어떤 사람이 죄를 지었을 때 그에 상응하는 징계를 정하셨다고 해도 은혜를 베푸십니다. 긍휼은 하나님에게서 시작되는 것으로 하나님의 자비와 은혜가 있습니다. 긍휼은 그것을 받는 사람의 관점에서 행해야 합니다. 목이 마른 사람이 물을 달라고 요청하는데 그를 도와준다고 하면서 물은 주지 않고 옷을 준다면 긍휼을 베푼 것이 아닙니다. 또한 배가 고픈 사람에게 밥은 주지 않고 귀한 것을 준다고 하면서 고급 시계를 준다면 긍휼을 베푼 것이 아닙니다. 긍휼을 베풀려면 그것을 받는 사람에게 정말 필요한 것을 주어야 합니다. 가난하고 어렵고 힘든 이웃을 눈여겨보고 적절한 도움을 주거나, 어려운 복음 전도자들을 물심양면으로 돕는다면 하나님이 귀하게 보시고 그에게 더 많은 긍휼을 베푸실 것입니다.

"자랑한다"는 것은 내 죄가 큰데도 하나님께 회개했더니 하나님이 그 죄를 용서해주시고 벌을 내리지 않으셨다는 것을 자랑하는 것입니다. 또 사람들에게 긍휼을 베풀었더니 하나님이 그 공로를 인정해주시고 나를 사랑해주신다는 것을 말할 때 이것이 자랑하는 것입니다. 자신을 자랑하는 것이 아니라 하나님의 사랑과 긍휼을 자랑하는 것입니다. 성경에 많은 법이 있고 그것을 잘 지켜야 하지만, 우리는 법을 준수하지 못할 때가 있습니다. 이로 인한 징계에서 벗어날 방법이 있는데 그중 하나가 바로 이웃에게 긍휼을 많이 베푸는 것입니다. 어려운 이웃에게 긍휼을 많이 베풀수록 그것은 큰 재산처럼 저장되고, 이로 인해 하나님께 인정받고 용서받을 수 있습니다. 이처럼 야고보서는 행동을 중요하게 생각합니다.

기독교는 이론만 있는 종교가 아닙니다. 행동으로 옮길 때 하나님이 은혜를 주시는 종교입니다. 교회가 추수감사절이나 성탄절 헌금을 가난하고 어려운 이웃과 나누거나 선교지에 후원하는 것은 하나님이 기뻐하시는 일입니다. 추수의 기쁨을 이웃과 함께 나누는 것이 하나님이 가르쳐주신 법입니다(레 19:9). 또한 기쁨을 연약한 사람들과 나눌 때 긍휼을 받은 사람의 마음이 열리는 계기가 됩니다. 그들의 열린 마음에 하나님의 사랑이 임하고 복음의 씨앗이 심어져 꽃이 피고 열매를 맺게 됩니다. 그래서 복음을 전할 때 긍휼을 베푸는 것은 하나님의 사랑을 전하는 귀한 방법입니다. 긍휼의 창시자는 하나님이시므로 긍휼을 베풀 때 그곳에 하나님이 역사하시는 것이 당연합니다. 성도가 연약한 사람을 긍휼히 여기고 그를 도와주려고 다가갈 때 상대방은 그 사람과 함께하시는 하나님을 느낄 수 있습니다. 사람은 육신의 아버지를 통하여 영적 아버지인 하나님을 볼 수 있습니다. 그래서 아버지가 훌륭하면 자녀는 좋으신 하나님을 기대하며 가까이 가게 되고 하나님을 만나게 됩니다. 이와 마찬가지로 사랑을 베푸는 성도를 통해 이웃은 사랑의 하나님을 만날 기회를 갖게 됩니다. 물론, 긍휼을 베푸는 사람의 얼굴과 손을 보겠지만, 그 배후에 계신 하나님도 보게 됩니다. 하나님이 자신들의 처지를 아시고 사람을 통해 은혜를 베푸신다는 것을 받아들입니다. 그래서 교회가 경제적으로 어려운 상황이 아니라면 어떻게 해서든 가난하고 어려운 이웃을 살피고 돕기 위해 노력해야 합니다. 이것이 복음을 전하는 것이고, 하나님의 뜻을 실천하는 것이며, 본문 말씀처럼 심판을 이기고 자랑하게 되는 첩경입니다. 이웃에게 사랑을 베푸는 일에 전혀 관심이 없는 성도나 교회에는 주님이 역사하시지 않을 가능성이 큽니다.

죽은 믿음

14절 **"내 형제들아 만일 사람이 믿음이 있노라 하고 행함이 없으면 무슨 유익이 있으리요 그 믿음이 능히 자기를 구원하겠느냐."** 야고보는 1장 22절부터 '행함'에 대해 권면했습니다. 그리고 2장 14절부터 26절까지는 '진실한 믿음'에 대해 설명하는데, 이는 특히 13절에 나오는 '긍휼'과 밀접한 관계가 있습니다. 성도 중에는 자기에게 믿음이 있다고 하면서 스스로 위안하기도 합니다. 그러나 진정으로 믿음이 있다면 그의 삶에는 행동적인 측면, 즉 사랑과 긍휼이 있어야 합니다. 주님께 긍휼을 받았다면 자신도 긍휼을 베풀어야 합니다. 그가 기도도 하고 찬양도 하며 예배도 드리지만, 다른 성도를 위해서나 세상을 위해서 섬기는 것이 보잘것없다면 그의 믿음은 아무것도 아니라는 것입니다. "그 믿음이 능히 자기를 구원하겠느냐"는 말씀은 그런 거짓된 믿음으로는 구원받지 못한다고 지적하는 것입니다. 우리는 믿음으로 구원받지만(엡 2:8), 구원받는 믿음이 있는 사람은 행함을 회피할 수 없습니다. 행함이 없는 자는 "사람이 의롭다 하심을 얻는 것은 율법의 행위에 있지 않고 믿음으로 되는 줄 우리가 인정하노라"(롬 3:28)라는 바울의 말씀을 함부로 남용한 것입니다(뱅겔). 성경을 보면 바울이 어느 본문에서는 행위를 강조하고, 또 다른 본문에서는 믿음을 강조했듯이, 야고보도 그랬습니다. 상황에 따라서 강조점이 다른 것이지 진리를 잘못 가르치는 것이 아닙니다. "행함이 없으면 무슨 유익이 있으리요"라는 말씀대로, 행함이 없는 성도는 아무 열매도 거둘 수 없습니다. 진정으로 믿음이 있다면 그 사람 속에서 성령이 역사하시기 때문에 열매가 있습니다.

성도가 자신에게 믿음이 있다고 말하는 것은 너무나 쉽습니다. 믿음이 눈으로 보이지 않기 때문에 그 말이 허풍이나 과장인지, 아니면 영적으로 무지하여 믿음이 있는 줄 알고 큰소리치는 것인지 확인할 수 없기 때문입니다. 그래서 구원받을 만한 믿음은 행동으로 드러나지 않으면 증명할 길이 없습니다. 하나님께 충성하고, 이웃을 돌아보며, 주님의 몸 된 교회를 위해 희생하고 봉사해야 그 사람에게 믿음이 있다는 것을 알 수 있습니다. 행함은 믿음의 외적 표현입니다. 믿음이 있다고 자랑하면서 행함이 없는 사람은 방자한 자입니다. 행실이 구원의 공로가 될 수는 없지만, 구원받을 믿음의 증거품은 됩니다(박윤선). 성경은 "두렵고 떨림으로 너희 구원을 이루라"(빌 2:12)고 했습니다.

15절 "만일 형제나 자매가 헐벗고 일용할 양식이 없는데." 야고보는 예를 들어 설명합니다. 예수님을 믿는다는 이유로 예루살렘과 유대 땅에서 환란과 어려움을 당해 산이나 골짜기, 혹은 다른 나라로 숨어 들어가 살아가는 사람들을 염두에 둡니다. 오늘날 튀르키예의 카파도키아를 가보면 이 말이 실감 나고 잘 이해됩니다. 그곳은 인적이 드문 광야인데, 입구가 작은 동굴이 많이 있습니다. 박해를 피해 흩어진 성도들이 땅속 깊숙이 파고 들어가 생긴 것으로, 그들은 그 안에 여러 공간을 만들었습니다. 한 가정이 생활할 공간을 만들면, 또 다른 방향으로 땅을 깊이 파 공간을 만들어 다른 가정이 거주할 수 있도록 하면서 마치 개미굴처럼 길을 뚫은 것입니다. 어떤 곳은 동굴의 끝이 절벽과 연결된 곳도 있습니다. 아마도 박해자들이 체포하려고 동굴 안으로 들어온다면 탈출을 용이하게 하려고 만든 통로일 것입니다. 동굴 안이 환기가 잘 되도록 굴을 뚫어서 공기가 순환하게 하고, 그 통로를 이용해 부엌도 만들고 또 화장실로 사용하는 공간도 만들었습니다. 광장처럼 넓은 공간도 만들어 동굴 생활을 하는 사람들이 결혼식도 하고 함께 예배도 드렸습니다. 박해받는 성도들이 빛도 잘 들어오지 않는 그런 척박한 곳에서 생활한 것입니다. 그들은 동굴에서 함께 살면서 가족만큼 끈끈한 정을 나누었을 것입니다. 그들은 예수 그리스도를 믿는 신앙으로 공동체를 이루었습니다. 박해와 환란을 피해 이런 동굴로 도망쳐왔기에 그들은 경제적으로 어려웠을 것입니다. 야고보는 같은 동굴에 사는 옆집 성도가 음식이 떨어져 배를 곯을 때 믿음이 있는 사람이라면 그 이웃에게 어떻게 행동하겠느냐고 묻는 것입니다. 가난한 이들을 보살필 기회는 금방 지나갑니다(아를의 카이사리우스).

16절 "너희 중에 누구든지 그에게 이르되 평안히 가라, 덥게 하라, 배부르게 하라 하며 그 몸에 쓸 것을 주지 아니하면 무슨 유익이 있으리요." 객지 생활을 하고 박해받는 중에도 믿음을 배반하지 않으려고 숨어 사는 그들의 믿음은 인정받을 만합니다. 아마도 그들은 동굴 속에서 둘러앉아 어떻게 여기까지 오게 되었는지, 신앙을 지키기 위해 어떤 고통을 감내했는지, 또한 성경을 얼마나 읽었는지를 서로 나누었을 것입니다. 나아가 하나님을 만난 이야기, 은혜받은 이야기, 기도 응답을 받은 이야기 등의 대화를 나누고, 어떤 때는 토론도 벌였을 것입니다. 그렇게 자신의 믿음을 드러냈을 것입니다. 그런데 동굴에서 함께 살아가는 이웃인 성도에게 일용할 양식이 없다면 믿음이 있는 사람은 자신의 양식을 나누어줄 것이 분명합니다. 자기에게 양식이 풍부한데도 나누어주지 않으면서 "배부르게 하라"고 할 수 없습니다. 또한 이곳저곳을 다니며 복음을 전하는 사람이 머물거나 다른 공동체로 떠나게 될 때 필요한 경비를 채워주기도 해야 합니다. 그러나 말로만 "네 갈 길을 평안히 가라"고 한다면 그들이 어떤 상황에 있든지 자기와는 상관없다는 자세인 것입니다. 이것은 오늘날 목회자나 복음 전도자를 홀대하는 것과 다를 바 없는 잔인한 행동입니다. 사실, 사람은 먹을 것이 없고 경제적으로 어려운 상황에서는 평안할 수 없습니다. 추운 겨울을 나야 하는데 옆집에 장작이 부족한 것을 보면서도 땔감을 주지 않고 "덥게 하라"고 말만 한다면 이것은 아무런 유익이 되지 않습니다. 그런 말은 아무리 나팔 불 듯이 해보았

자 당사자들에게 눈곱만큼도 도움이 되지 못합니다. "평안히 가라, 덥게 하라, 배부르게 하라"는 말만으로는 그렇게 될 수 없습니다(뱅겔). 지금까지 자기 믿음을 자랑했지만, 가난하고 어려움을 겪는 이웃을 도와주지 않는 사람이라면 그의 믿음은 충분히 의심받을 만합니다. 아니, 믿음이 없는 사람입니다. 야고보는 이 구절에서 아주 일상적인 가난의 예를 들고, 최소한 어떤 도움을 베푸는 것이 기독교 신앙과 형제애의 기본 행위라고 말합니다(렌스키).

17절 "이와 같이 행함이 없는 믿음은 그 자체가 죽은 것이라." 야고보는 행함이 없는 믿음이란 30퍼센트나 50퍼센트 부족한 믿음이 아니라 죽은(구원받지 못할) 믿음이라고 선언합니다. 믿음이 죽었다는 것은 마치 죽은 사람처럼, 믿음이 아무런 선한 동작을 하지 못함을 가리킵니다(박윤선). 그 사람의 믿음은 믿음이 아니라 단순히 기독교에 대한 지식이 있는 것으로 끝날 뿐입니다. 하나님에 대해, 예수 그리스도와 성령에 대해, 교회에 대해 지식이 있다고 해서 믿음이 있다고 인정되는 것은 아닙니다. 그러므로 누군가가 행함이 수반되지 않는 믿음을 가졌다면, 그것은 죽은 믿음이므로 당연히 구원받을 수 없습니다. 성경 말씀대로 사랑과 긍휼을 베풀지 않는 사람이, 자신은 예수님을 주로 고백하고 세례까지 받았으니 구원은 따 놓은 당상이라고 주장하는 것은 어불성설입니다.

또한 이것은 구원을 하찮게 여기는 매우 불경스러운 태도입니다. 어떤 사람이 처음 본 불신자에게 전도했는데 그가 예수님을 믿겠다고 말로 영접하면 "당신은 구원받았습니다" 하고 선포하기도 합니다. 예수님을 믿는다고 말했지만, 그가 아직 믿는 자로서 어떤 행동을 하나도 보여준 것이 없는데 이것이 가능한 일일까요? 그러나 "당신은 이제 구원의 길에 들어섰습니다"라고 말할 수는 있습니다. 어느 시대이든지 죽은 믿음을 소유한 사람이 상당수입니다. '구원받았다'는 말은 쉽게 선언할 수 있는 것이 아닙니다. 경건하고 거룩하며 엄위한 용어입니다. 믿음은 실천의 토대를 제공하지만, 믿음의 힘이 드러나려면 실천이 있어야만 합니다(아우구스티누스).

18절 **"어떤 사람은 말하기를 너는 믿음이 있고 나는 행함이 있으니 행함이 없는 네 믿음을 내게 보이라 나는 행함으로 내 믿음을 네게 보이리라 하리라."** 이 구절에는 15절에 언급된 사람보다 믿음이 한 단계 더 높아 보이는 두 사람이 등장합니다. 한 사람은 행함이 있는 믿음의 사람이고, 다른 사람은 믿음이 있지만 행함이 없는 사람입니다. 앞의 사람은 행함을 강조하고, 뒤의 사람은 믿음을 강조합니다. 둘 중 행함을 강조하는 사람이 말합니다. 자신은 믿음을 행함으로 실천하고 있는데, 믿음이 있다고 주장하면서도 행함이 없는 사람이 있으므로 그에게 믿음을 보여달라고 요구하는 것입니다. 이것을 요구하는 사람은 자신의 믿음을 행동으로 보여주고 있으므로, 행함이 없는 사람에게 믿음이 있다면 그것을 보여달라고 당당하게 말하는 것입니다. 믿음을 보여달라고 요구한 사람은 지금까지 행동으로 하나님을 잘 섬기고, 성도들도 잘 도우며, 많은 선행을 했습니다. 우리는 행위 외에는 다른 방법으로 믿음을 보일 수 없습니다. 믿음과 행위는 동떨어질 수 없는 쌍둥이입니다. 신앙의 균형이 잡힌 사람은 반드시 기도와 노력이 수반됩니다(바클레이).

사실 주님의 몸 된 교회를 위해 몸으로 물질로 헌신하고, 가난하고 연약한 사람을 힘닿는 대로 도와준다면, 그 사람에게 믿음이 있다는 것을 누구도 부정할 수 없습니다. 구원받은 하나님의 자녀라면 이렇게 사는 것이 자연스럽고 당연합니다. 그러나 행함 없는 믿음을 가진 사람은, 자신에게 믿음이 있다고 보여줄 수 있는 증거물이 아무것도 없습니다. 구원받을 만한 살아 있는 믿음이 있다면 삶으로 증거를 보여주어야 합니다. 믿음이라는 출발선에서 떠났다면 나날이 성장해야 합니다. 야고보는 선한 행실이 있는 사람은 그것으로 자신의 믿음을 보여줄 수 있다고 강조합니다. 물론, 믿음이 없는 불신자도 긍휼한 마음으로 선한 행실을 할 수 있기 때문에 선한 행실 자체가 구원의 증거는 아닙니다. 구원받을 만한 믿음은, 중생하여 그리스도 안에서 하나님과 연합함으로 얻는 것입니다(박윤선).

19절 **"네가 하나님은 한 분이신 줄을 믿느냐 잘하는도다 귀신들도 믿고 떠느니라."** 그런데 신자에게 야고보가 말합니다. 불신자와 신자를 가를 수 있는 말씀입니다. 하나님은 한 분이심을 믿는다고 하는 사람에게 잘한다고 칭찬하다가 갑자기 '귀신' 이야기를 합니다. 우리는 보통 악한 영을 사탄이라고 하고, 그에게 속한 졸개들을 귀신 또는 악한 영이라고 표현합니다. 여기서 귀신이라 했으니, 그것은 사탄의 본체가 아니라 그보다 작은 세력들입니다. 야고보가 귀신 이야기를 하는 것은, 행함도 없으면서 하나님을 믿는 믿음이 있다고 자랑하는 자들에게 귀신들도 그

정도 지식은 있다고 하는 것입니다. 만일 어떤 성도가 하나님은 한 분이시고 어떤 우상이나 신이라 칭하는 것도 진짜 신이 아님을 믿는다고 합시다. 하지만 그렇다고 해서 믿음이 있고 구원받는 증거라고 말할 수 없다는 것입니다. 왜냐하면 하나님이 한 분이시라는 것을 성도들만 믿는 것이 아니라, 귀신들도 하나님을 믿으며 두려워 떨기까지 하기 때문입니다. 아마도 야고보는 주님이 귀신을 내쫓으실 때 현장에서 목격했을 것입니다(막 5:1-20). 귀신들은 하나님을 잘 안다고 해도 하나님께 버림받았으므로 구원받지 못하고, 마지막 때에 다 무저갱에 떨어질 존재들입니다. 그 진리는 성도만 아는 것이 아니라 영적 존재인 귀신까지도 아는, 어찌 보면 당연하고 일반적인 지식인 것입니다. 우리 주변에는 믿음 생활을 하지 않는데도 하나님에 대해, 성경에 대해 박식한 사람을 쉽게 볼 수 있습니다. 그의 지식은 성령의 역사하심으로 회개하고 중생하여 얻은 진정한 지식이 아닙니다.

그러므로 하나님을 안다는 것만 가지고 자랑하는 것은 능사가 아닙니다. 귀신도 아는 너무도 당연한 진리를 지식적으로 아는 것에 만족하지 말고 귀신보다 월등해야 합니다. 그런데 귀신은 하나님을 두려워하면서 떨지만 죄를 용서받지 못했고, 성도들을 죄짓도록 유혹하는 일을 멈추지 않으며, 하나님께 충성하지도 못합니다. 귀신은 예로부터 지금까지 악한 일을 멈춘 적이 없으며, 그의 활동은 여전히 진행 중입니다. 행동이 선하지 못하므로 하나님을 믿고 부들부들 떤다고 한들 하나님께 칭찬을 듣거나 구원받을 수 없습니다. 그런데 행함이 없는 성도도 하나님을 알고 믿는다고 말하면서도 하나님께 충성하지 않고, 하나님의 교회에 헌신하지 않으며, 하나님의 백성을 돕지 않고, 귀신이 시키는 대로 죄를 짓고 있으므로 귀신보다 나은 것이 전혀 없습니다. 어떤 성도는 자기에게 믿음이 있다고 말하면서도, 죄를 지으면 하나님의 심판이 있다는 말을 듣고도 두려워하거나 떨지도 않고 계속 죄를 짓습니다. 오히려 귀신은 하나님의 이름 앞에서 두려워 떨고 있으니 이것만 놓고 보면 귀신이 믿음 없는 성도보다 하나님을 더 두려워하는 모양새입니다.

행함 없는 믿음

20절 "아아 허탄한 사람아 행함이 없는 믿음이 헛것인 줄을 알고자 하느냐."
야고보는 "허탄한 사람아"라고 부릅니다. 이것은 특정한 사람을 가리키는 것이 아니라 믿음에 대해 정확한 지식이 없는 사람을 가리켜 탄식하는 것입니다. 어떤 주석은 "허탄한 사람"을 '속 빈 사람'이라고 해석합니다. 속이 비었다는 것은 철없고 사리 분별을 못 하는 사람을 가리키지만, 여기서는 믿음이라는 알맹이를 잃어버린 껍데기밖에 없는 믿음의 사람을 가리킵니다. 이런 사람들은 사실을 알려고 하지도 않고 무지 속에 자신을 숨기려 합니다(벵겔). 진정한 믿음은 그 안에 이미 행실을 잉태하고 있습니다.

자신이 믿음의 사람이라고 말하지만, 행함이 없다면 그는 믿음이 처음부터 없었든지 중간에 증발해버린 것입니다. 야고보는 믿음이 있다고 으스대는 성도에게 찬물을 끼얹습니다. 그들은 믿음을 소유했다고 착각하고 있지만, 실상은 얄팍한 지식을 가졌을 뿐이고 언행이 불일치한 사람입니다. 그런 사람은 믿음의 그림자만 잡은 허울만 좋은 모습일 뿐입니다. 누군가 자신에게 믿음이 있다고 말할 때 그것이 허풍인지, 속이는 것인지, 진실한 것인지 외적 분별이 어렵기 때문에 행함이 드러나야 믿음의 유무를 판단할 수 있습니다. 박윤선은 믿음과 행실을 분리해 말하는 자는, 사실과 진리를 떠나 공론과 망상을 말하는 자라고 혹평했습니다.

21절 **"우리 조상 아브라함이 그 아들 이삭을 제단에 바칠 때에 행함으로 의롭다 하심을 받은 것이 아니냐."** 야고보는 믿음의 조상인 아브라함의 행적을 소개합니다. 히브리서는 여러 곳에서 아브라함에 대해 언급하고 있습니다(히 7:7-10, 11:8, 17). 아브라함은 아들 이삭을 바치기 전에 이미 의롭다고 칭함을 받았습니다(창 15:6). 이것을 보면, 칭의는 믿음과만 관계가 있고 행실과는 관계가 없는 듯 보입니다. 하지만 아브라함은 창세기 12장 1절 이후에 나타나는 것처럼 오랜 기간을 하나님 말씀대로 행했습니다. 하나님은 그가 앞으로도 선하게 살 것을 아셨습니다. 그러므로 칭의는 선한 행실을 할 수 있는 '산 믿음'을 가진 자에게 하나님이 행하시는 일입니다. 아브라함이 행한 선한 일이 많지만, 독자 이삭을 바친 행동이 대표적입니다(박윤선). 아브라함이 믿음이 있다는 증거는 아들을 낳을 수 없는 상황에서 그는 하나님을 믿었고, 결국 아들을 얻은 체험을 한 것입니다. 아브라함과 사라가 아들을 낳았을 때는 그들이 늙어 자녀를 생산할 수 없는 상황이었습니다. 하나님이 아들을 주신다고 약속하셨을 때 아브라함과 사라는 웃으며 믿지 않았습니다(창 17:17, 18:12). 하지만 하나님은 죽은 것 같았던 나무에 돋아난 새싹처럼 아들 이삭을 주셨습니다. 그리고 그 아들을 통해 후손이 많아질 것이라고 약속하셨습니다. 그러므로 아브라함은 하나님이 이삭을 바치라고 하셨을 때 그 말씀대로 순종해도 하나님이 다시 살려주실 것을 믿었기 때문에 이삭을 하나님께 바치기로 작정한 것입니다. 그는 아무 고민 없이 모리아 산으로 이삭을 데리고 갔습니다. 진실한 믿음으로 즉각 행동에 옮긴 것입니다. 아브라함은 아내에게도, 아들에게도 하나님의 명령을 말하지 않고 떠났습니다. 부활을 믿지 못하면서 제사하러 갔다면 사전에 말하고 아내와 아들이 충격을 덜 받도록 했어야 합니다. 그러나 아브라함이 미리 말하지 않은 것은 이삭이 죽더라도 부활하여 함께 돌아올 것을 믿었기에, 굳이 마음 고생시키지 않으려고 말하지 않은 것입니다. 이렇게 아브라함이 지닌 부활의 신앙은 이삭을 바치면서 생긴 것이 아니라 기적처럼 아들을 낳으면서 이미 생긴 것입니다. 이렇게 자신이 직접 체험하여 생긴 믿음은 흔들리지 않고 돌처럼 견고합니다. 물론 다른 사람의 체험이나 간증을 듣는 것도 믿음을 갖는 데 도움이 됩니다. 하지만 자신이 직접 경험한 것에 비할 수는 없습니다. 기독교는 개인의 영적 체험이 중요합니다.

아브라함이 모리아 산에 올라가 아들을 바칠 때(창 22장) 믿음이 견고

했기 때문에, 제물로 바칠 아들을 서슴없이 묶고는 두려움이나 망설임 없이 칼로 찌르려고 했습니다. 아브라함이 천사를 대접한 이야기가 성경에 기록되어 있으므로(창 19장), 아브라함은 그때만 천사를 본 것이 아니라 그 이전에도 천사를 볼 수 있었을 것입니다. 그래서 모리아 산에도 천사들이 와서 위로하고 격려하고 가르쳐주고 힘을 북돋아주었을 가능성이 있습니다. 이런 여러 가지 경로로 하나님은 아브라함이 믿을 수밖에 없도록 해주셨기에 그는 믿음을 행동으로 옮겼습니다. 즉, 아브라함이 믿음으로 행할 수 있었던 근간은 하나님이 그동안 미리 알려주시고 확신을 주신 것에 있습니다. 하나님 말씀대로 행할 수밖에 없는 모든 영적 현상이 이미 나타나 있었으므로 불신할 필요 없이 믿음으로 행하게 된 것입니다.

하나님께 물질로 헌신했더니 그 자손이 물질의 복을 받은 경험이 많은 집안의 사람은, 주님 나라를 위해 물질로 헌신하는 것을 부담스러워하지 않습니다. 또한 몸과 마음으로 충성하여 많은 복을 받은 사람은 하나님께 충성하는 일을 망설이지 않습니다. 그래서 주님이 어떤 명령을 내리셔도 거리낌 없이 순종합니다. 주님이 알아주시고 다 갚아주실 것을 경험으로 알고 믿기 때문입니다. 행한 대로 갚아주시는 복은 성도가 죽은 다음에만 받는 것이 아니라, 이 땅에서 사는 동안 얼마든지 받아 누릴 수 있습니다. 이렇게 영적 경험을 통해 얻은 믿음은 굳건하므로 영적 원리를 붙잡고 충성합니다. 믿음은 오직 하나님과 나 사이의 관계입니다. 하나님을 만나고 음성을 들어도 그대로 행하지 않는다면 믿음을 소유했다고 할 수 없습니다. 행함으로 인하여 믿음이 확증되는 것입니다.

여기서 한 가지 깊이 생각할 내용이 있습니다. 하나님이 아브라함에게 아들을 바치라고 말씀하지 않으셨는데, 아브라함이 자신의 믿음을 하나님께 드러내려고 스스로 아들을 제물로 바쳤다면 그것은 믿음이 아닙니다. 남들이 볼 때 독자를 바쳤으니 대단한 믿음으로 보여도, 그것은 믿음으로 행한 것이 아닙니다. 독자 이삭을 하나님께 드린 것 자체는 중요하지 않습니다. 하나님이 바치라고 하셨을 때 순종하여 드린 것이 핵심입니다. 만일 아브라함이 자발적으로 이삭을 제물로 드렸다면 하나님은 양을 준비조차 하지 않으셨을 것이고, 이삭은 아버지의 손에 피 흘려 죽었을 것입니다. 그리고 아브라함은 살인자가 되었을 것입니다. 아무리 작은 것이라도 하나님이 명령하셨을 때 순종하고 드려야 믿음으로 드린 것으로 인정됩니다. 만약 하나님이 어떤 사람에게 헌신하라고 말씀하지 않으셨고, 마음에 감동도 주지 않으셨으며, 생각에 스쳐 지나가는 것까지도 없었다면, 하나님이 그 사람과 믿음의 관계를 맺으셨다고 볼 수 없습니다. 이것은 불행한 일입니다. 하나님께 순종한 것만큼 그 사람이나 그의 후손은 복을 받는데, 하나님이 그 사람에게 어떠한 관계도 원하지 않으신다면 그에게 복도 주지 않으신다는 의미이기 때문입니다. 하나님이 택하신 구원 백성에게는 성령이 임재하셔서 어떤 방법이든 행할 일을 지도해주십니다.

22절 "네가 보거니와 믿음이 그의 행함과 함께 일하고 행함으로 믿음이 온전하게 되었느니라." "네가 보거니와", 즉 너도 이미 알고 있다는 뜻입니다. 믿음은 항상 행함과 함께 꼭 붙어 동행하는 것이지 믿음과 행함이 따로 떨어져 독자적인 행보를 하는 것이 아닙니다. 하나님이 아브라함의 믿음을 '의롭다'고 하셨는데, 이것은 선행을 했다는 뜻은 아닙니다. 그러나 믿음대로 순종한 것은 맞습니다. 칭의는 단번에 선언됩니다(창 15:6). '의롭다'고 할 만큼 진실하게 살았기 때문입니다. 믿음은 우리의 행실로 완성됩니다. 믿음은 행함을 도왔고, 행함은 믿음을 완성시켰다는 뜻입니다(로페스). 그래서 칭의와 믿음, 행함은 사슬처럼 서로 연결되어 있습니다. 항상 하나님의 말씀이 선행되어야 합니다. 그다음에 행동으로 옮겨야 정상이며 성숙한 믿음입니다.

'믿음만으로'를 주창하는 교회에 대해 충고하는 글도 있습니다. "그들은 율법 행위로는 구원을 얻을 수 없으며, 교회가 강조하는 예수 그리스도에 대한 교리를 믿고 지켜야 구원에 이른다고 주장합니다. (그런데) 이때 믿음은 예수님의 사랑을 실천하는 행위와는 동떨어진 것입니다"(한완상).

양영태는 『영성에의 초대 (3)』에서 '믿음과 행위'에 대한 글을 살펴보고 이에 대해 이야기합니다. 이 내용은 여러 주석가의 논리를 정리한 것입니다. 바울과 야고보의 글을 비교합니다.

첫째, 바울이 믿음을 강조하는 내용입니다. 사도 바울은 "사람이 의롭게 되는 것은 율법의 행위로 말미암음이 아니요 오직 예수 그리스도를 믿음으로 말미암는 줄 알므로 우리도 그리스도 예수를 믿나니 이는 우리가 율법의 행위로써가 아니고 그리스도를 믿음으로써 의롭다 함을 얻으려 함이라 율법의 행위로써는 의롭다 함을 얻을 육체가 없느니라"(갈 2:16)라고 한 다음, "하나님 앞에서 아무도 율법으로 말미암아 의롭게 되지 못할 것이 분명하니 이는 의인은 믿음으로 살리라 하였음이라"(갈 3:11)라고 가르칩니다. 그런 다음, "우리를 구원 하시되 우리가 행한 바 의로운 행위로 말미암지 아니하고 오직 그의 긍휼하심을 따라 중생의 씻음과 성령의 새롭게 하심으로 하셨나니"(딛 3:5)라고 결론을 내립니다. 결국 우리는 우리의 행위로 말미암아 의롭게 되어 구원받는 것이 아니라, 믿음으로 말미암아 의롭게 되어 하나님의 은혜로 구원받습니다.

둘째, 야고보가 행위를 강조하는 내용입니다. 사도 야고보는 "내 형제들아 만일 사람이 믿음이 있노라 하고 행함이 없으면 무슨 유익이 있으리요 그 믿음이 능히 자기를 구원하겠느냐"(약 2:14)라고 말하면서, "행함이 없는 믿음은 그 자체가 죽은 것이라"(약 2:17)라고 가르칩니다. 그런 다음, "네가 하나님은 한 분이신 줄을 믿느냐 잘하는도다 귀신들도 믿고 떠느니라 아아 허탄한 사람아 행함이 없는 믿음이 헛것인 줄을 알고자 하느냐 우리 조상 아브라함이 그 아들 이삭을 제단에 바칠 때에 행함으로 의롭다 하심을 받은 것이 아니냐 네가 보거니와 믿음이 그의 행함과 함께 일하고 행함으로 믿음이 온전하게 되었느니라"(약 2:19-22)라고 말합니다. 그리고 "이로 보건대 사람이 행함으로 의롭다 하심을 받고 믿음으로만은 아니니라"(약 2:24), "영혼 없는 몸이 죽은 것 같이 행함이 없는 믿음은 죽은 것이니라"(약 2:26)라고 결론을 내립니다.

셋째, 바울이 믿음을 강조하는 부분입니다. 사도 바울은 "만일 아브라함이 행위로써 의롭다 하심을 받았으면 자랑할 것이 있으려니와 하나님 앞에서는 없느니라 성경이 무엇을 말하느냐 아브라함이 하나님을 믿으매 그것이 그에게 의로 여겨진 바 되었느니라"(롬 4:2-3)라고 말하고서, "아브라함이 하나님을 믿으매 그것을 그에게 의로 정하셨다 함과 같으니라"(갈 3:6)라고 말합니다.

넷째, 믿음의 강조점에 대한 위의 내용을 종합하면 사도 야고보와 사도 바울의 말은 서로 다르게 해석할 수도 있습니다. 사도 야고보는 믿음을 '행함 있는 믿음'과 '행함 없는 믿음' 두 가지로 나누고, 단순히 '믿음'이라고 말할 때는 '행함 있는 믿음'을 가리키는 것으로 말했습니다. 사도 바울은 '믿음'을 '행함이 있는 믿음'을 가리키는 것으로 사용하면서 '믿음이 없는 행함'과 대조를 이루고 있다고 보면 두 사도의 말은 같은 뜻입니다. 다른 말이 아닙니다. 결국, 사도 야고보와 사도 바울이 똑같이 행함 있는 믿음으로 구원을 얻는다는 표현을 사도 야고보는 '행함 없는 믿음'으로는 구원받지 못한다고 말한 것이고, 사도 바울은 '믿음 없는 행함'으로는 구원받지 못한다고 말한 것뿐입니다.

다섯째, 결론을 내리면 사도 바울도 "하나님 앞에서는 율법을 듣는 자가 의인이 아니요 오직 율법을 행하는 자라야 의롭다 하심을 얻으리니"(롬 2:13)라고 말했고, 또 "그리스도 예수 안에서는 할례나 무할례나 효력이 없으되 사랑으로써 역사하는 믿음뿐이라"(갈 5:6)라고 말했습니다. 결국 구원의 효력이 있는 믿음은 오직 사랑으로 역사하는 믿음, 다시 말하면 '사랑이라는 행함이 있는 믿음'뿐이라고 가르쳐주고 있습니다.

양영태는 '하나님과의 진실한 믿음'의 관계에 대해 말합니다. 우리는 지적으로 하나님의 임재를 깨달아 알아야 하고(인식), 정적으로 하나님의 임재를 느낄 수 있어야 하며(체험), 의지적으로 하나님의 임재를 누려야 합니다(순종, 사랑). 사람이 '지·정·의'의 3요소는 구분할 수 있지만 나눌 수는 없기 때문에, 하나님의 임재에 대한 지적 체험과 정적 체험과 의지적 체험이 서로 다르지 않습니다. 이것은 복합적인 것으로서, 다만 어느 것이 주된 것이냐의 차이가 있을 뿐입니다.

23절 "이에 성경에 이른 바 아브라함이 하나님을 믿으니 이것을 의로 여기셨다는 말씀이 이루어졌고 그는 하나님의 벗이라 칭함을 받았나니." 아브라함이 하나님을 믿는 것을 하나님이 "의로 여기셨다"고 하셨는데, 여기서 '의'는 바른 것을 말합니다. 그런데 '의'의 근본은 하나님이시기에 이 말씀을 아브라함이 하나님을 닮아간다는 뜻으로도 볼 수 있습니다. 아브라함이 하나님을 믿고 그 믿음대로 실천하며 의롭고 바르게 산 것은 하나님을 닮아가는 삶을 살았다는 뜻입니다. 아브라함이 하나님의 마음과 일치되었기 때문에 그는 죽기 전에 "나[하나님]의 벗"(사 41:8)이라고 칭함받았습니다. 이것은 인간이 하나님께 들을 수 있는 최고의 극찬입니다. 성경에 아브라함 외에는 하나님의 벗이라고 칭함받은 사람이 없습니다. 벗은 서로 성향과 생각과 행동이 거의 일치해야 합니다. 성도가 아브라함처럼 축복받기 원한다면 아브라함처럼 행동해야 합니다(매튜 헨리).

24절 "이로 보건대 사람이 행함으로 의롭다 하심을 받고 믿음으로만은 아니니라." 이 구절에서 "사람이"는 유대인이든 헬라인이든 모든 사람을 가리킵니다. 이론으로만 하나님을 믿으면서 자신이 구원받는다고 생각하는 사람에 대해 문제를 제기합니다. 여기서 의롭다 함을 받는 것이 "믿음으로만은 아니니라"라고 했는데, 이 믿음은 진짜 믿음을 가리키는 것이 아닙니다. 그 당시 사람들이 생각하는 '수준 이하의 믿음'을 말하는 것입니다. 그들의 행함 없는 믿음, 또는 하나님이 말씀하지 않으셨는데 스스로 나서서 계획하고 행동한 '격이 떨어지는 믿음'을 거론한 것입니다. 진실한 믿음은 행함 있는 믿음이어야 하고, 그 행함은 하나님이 먼저 가르쳐주시고 명하신 일을 믿고 따르는 것이어야 합니다. 그런 믿음은 '의롭다' 함을 얻는 믿음에서 나옵니다. 야고보는 열두 사도 중 한 명으로서 모든 진리를 주님께 직접 배웠습니다. 주님은 양과 염소에 대해서도 말씀해주셨습니다. 결국 양을 칭찬하신 것은 그 행함을 보셨다는 말입니다(마 25:31-46).

25절 **"또 이와 같이 기생 라합이 사자들을 접대하여 다른 길로 나가게 할 때에 행함으로 의롭다 하심을 받은 것이 아니냐."** 야고보는 아브라함에 이어 여성인 라합의 이야기를 꺼냅니다. 라합은 히브리 민족이 가나안 점령을 앞두고 여리고 성에 침투시킨 정탐꾼들이 위험에 빠졌을 때 숨겨준 여성입니다(수 2장). 이방인이며 행실이 부도덕한 기생 라합이 정탐꾼에게 한 고백이 성경에 기록되어 있는데, 그 고백을 통해 그녀의 믿음을 알 수 있습니다. 그녀는 "이스라엘의 하나님 여호와께서 너희를 홍해에서부터 구원하시고 여러 이적과 기적을 행하신 것을 들었으며 이 땅을 너희에게 주신 것을 안다"고 고백했습니다. 이렇게 믿음은 하나님이 가르쳐주시고 보여주시며 역사하심을 미리 '아는 것'에서 출발합니다. 하나님의 계획을 믿기 때문에 행동으로 옮길 수밖에 없는 것입니다. 라합은 믿음으로 정탐꾼들을 보호하려고 체포조들을 따돌리고 피신시켜주었습니다. 이렇게 그녀는 하나님이 이 땅을 차지하실 것을 알았기에 자신의 목숨을 걸고 정탐꾼들을 숨겨주는 행동을 함으로써 "의롭다 하심"을 받은 것입니다.

그런데 이렇게 하나님이 말씀하시고 보여주시고 역사하시는데도 그것을 믿지 못하면, 하나님이 믿음 없는 자라고 책망하시고 징계하시는 것입니다. 하나님은 사람이 믿을 수 있는 환경을 주시고 믿도록 하시는 인격적인 분입니다. 라합은 정탐꾼들을 숨겨주고 무사히 빠져나갈 길을 알려주면서 그날에 자신과 가족을 구원해달라고 요청합니다. 그리고 정탐꾼들의 약속을 믿고 창밖으로 약속의 증표인 붉은 줄을 매답니다. 이렇게 라합은 미리 알고 확신하여 행동하고 장래에 대한 약속까지 얻어냈습니다. 아브라함과 라합의 행위에서 볼 수 있는 것처럼 이방인이든 유대인이든 행함이 중요합니다. 신앙심 깊은 영혼 하나(라합)가 하나님을 믿지 않는 불의한 땅에 숨겨져 있었던 것입니다(가발라의 세베리아누스).

26절 **"영혼 없는 몸이 죽은 것 같이 행함이 없는 믿음은 죽은 것이니라."** 여기서 "영혼"은 '생명'으로 바꿀 수 있습니다. 그래서 '영혼 없는 몸이 죽은 것'을 '생명 없는 몸이 죽은 것'이라는 말로 해석할 수 있습니다. 죽은 사람은 손가락 하나도 움직일 수 없습니다. 생명이 없으면 그 몸이 죽은 것이 너무 당연하듯이, 행함이 없으면 그 믿음이 죽은 것이라는 사실도 아주 명백합니다. 신앙 지식이 많고 믿음이 있다고 주장하면서 행동으로 보여주지 않는다면, 그 지식이나 믿음은 다 허상이고 무의미한 것입니다. 그래서 교회 안에도 기도의 사람이든지, 물질을 드리든지, 몸으로 헌신하든지, 하나님 말씀대로 살려고 몸부림치든지 등 사람의 행함을 보고 믿음이 있는지 없는지를 판단할 수 있습니다. 행동은 그 사람의 믿음이 어떤 상태인지를 말해주는 척도입니다. 경건의 모양은 있으나 경건의 능력은 없는 이들이 많습니다(딤후 3:5). 죽은 믿음과 산 믿음을 구분하는 것은 믿음의 행위입니다(댄 매카트니).

3장

JAMES

말의 실수

1절 "내 형제들아 너희는 선생된 우리가 더 큰 심판을 받을 줄 알고 선생이 많이 되지 말라." 야고보는 선생이 되면 다른 사람보다 더 큰 심판을 받는다고 계속해서 강한 어조로 말합니다. 그러므로 똑바로 하지 못할 바에는 아예 선생이 많이 되지 말라고 당부합니다. 특히 스스로 선생이 되는 것은 더욱 조심해야 합니다. 주님도 말씀하셨습니다. "그러나 너희는 랍비라 칭함을 받지 말라"(마 23:8). 유대 회당에서는 랍비들이 율법을 가르쳤고 초대교회에도 선생이 있었습니다. 한 지역에 거주하는 선생도 있었고, 여러 지역을 다니는 선생도 있었습니다. 그들은 집회 때 앞으로 나와서 말할 수 있는 발언권이 있었습니다. 그러나 문제는 선생이라는 직책을 갖고 잘못 가르치면 하나님께 더 큰 심판을 받는 대상이 된다는 것입니다. 회당 안에서 잘못 가르치는 경우가 비일비재했기 때문에 그런 일을 사전에 방지하고자 경고 차원에서 주의를 주는 것입니다. 교회 공동체가 아닌 사회에서도 잘못된 지식을 가르친다면 큰 문제가 일어날 것입니다. 그런데 교회에서 잘못 가르쳐서 성도가 잘못된 믿음을 소유해 만일 천국에 가지 못하고 지옥에 간다거나, 천국에 가더라도 하나님 앞에서 책망받는 일이 생긴다면, 또한 잘못된 신학을 받아들여서 죄를 짓는다면 그 책임은 전적으로 잘못 지도한 선생에게 있습니다. 성도들은 가르치는 사람을 믿고 따라간 것뿐이기 때문에 책임이 작습니다. 그러므로 그 선생은 더 큰 심판을 받아야 함이 마땅합니다.

사람들은 대부분 가르치는 것을 좋아합니다. 항상 자신이 지휘자의 위치에 서려는 사람들이 있습니다(매튜 헨리). 선생의 입장이 되면 자부심이 생기게 되고 사람들의 존경도 받기 때문입니다. 그러나 잘못 가르쳤을 때 큰 심판을 받을 수 있는 위험을 가볍게 여기는 것은 지혜롭지 못한 처사입니다. 어설프게 아는 지식으로 가르치지 않도록 삼가는 것이 책임 있는 자세입니다. 자신과 관계된 성도들이 진리를 잘 알기 원한다면 차라리 실력 있는 선생에게 배우도록 양보하는 것이 모두가 사는 길입니다. 야고보는 "선생된 우리가"라고 말함으로 자신도 포함합니다. 자신을 포함한 모든 교회의 가르치는 사람은 언제든 이런 불미스러운 일이 발생할 수 있으니 경계하라고 주의를 환기시키고 있습니다.

이 말은 앞서 2장에서 말한 내용을 전제하고 재론하는 것으로 받아들여야 합니다. 앞에서 "행함이 없는 믿음이 죽은 믿음"이라고 했는데, 유대인들은 행함은 강조하지 않고 자신들이 아브라함의 후손인 것을 자랑했습니다. 이런 행위는 구원 문제에서 심각한 오류를 일으킵니다. 즉, 자신들은 무엇을 하든 안 하든 구원이 보장되었다는 듯이 생각하는 것입니다. 철석같이 믿고 있지만, 잘못된 믿음이기에 실상 자신을 죽이고 있는 행동입니다. 예수님 당시에도 율법을 잘 알고 있다고 하는 바리새인들이 예수 그리스도가 병든 자를 치료하시고 귀신을 내보내실 때에 바알세불(귀신의 왕)을 의지한다면서 어처구니없는 주장을 했습니다(마 12:24). 영적 원리도 모르고, 시대에 뒤떨어진 무지몽매한 지식을 가진 사람들이 성도들을 가르치고 있으니 믿음에 대해 잘못 배우는 성도가 많아지는 것입니다. 그래서 야고보는 교회의 치부를 드러내는 말일 수도 있지만, 이를 강조하며 경계합니다. 교회에 훌륭한 선생이 많아서 성도들이 올바른 지식을 얻을 수 있어야 영적으로 바르게 성장할 수 있습니다. 엉터리 교사가 성도들을 잘못 판단하고 지도하는 일이 벌어진다면 이는 불행한 일입니다. 어느 시대나 영성과 지식과 인품을 갖춘 훌륭한 교사는 소수입니다. 제대로 알지도 못하면서 선생이 되려는 자가 많은 것은 비정상인 것입니다.

2절 "우리가 다 실수가 많으니 만일 말에 실수가 없는 자라면 곧 온전한 사람이라." 야고보의 말처럼 누구나 사는 동안 실수합니다. 사실 허물이나 실수가 없는 사람은 없습니다. 그중 대부분은 예외 없이 말에 실수가 많습니다. 말의 실수가 많다는 뜻은 실수하는 말이 많다는 것이 아니라, 몇 마디 말을 실수한다는 것입니다. 그래서 말을 많이 해야 하는 선생이 되는 것을 피해야 합니다. 죄는 보편적인 것인데, 혀는 죄를 피하기가 가장 어렵습니다(댄 매카트니).

그런데 실수 중의 실수는 진리를 잘못 알고 가르치는 것입니다. 일상생활에서 사소한 말실수를 하는 것은 진리를 잘못 가르치는 실수에 비하면 그렇게 심각하지 않습니다. 교회 안에서 잘못 가르치는 일이 일어난다는 것은 우려할 상황입니다. 그들의 잘못된 가르침으로 성도들이 바른길로 직진하지 못하고 돌아가거나, 굴곡진 길을 가게 됩니다. 어쩌면 죄를 범하고 망하는 길로 진입할 수도 있습니다. 그러므로 믿음에 대해 가르칠 때는 특별히 더 조심해서 진리만 전해야 합니다. 선생은 영혼을 망가뜨리는 실수를 절대 해서는 안 됩니다.

야고보는 만일 말에 실수가 없는 자라면 곧 "온전한 사람이라"고 했습니다. '온전하다'는 것은 티가 없고, 부끄러운 일이 없으며, 단점을 찾을 수 없는 상태입니다. 진리를 잘 가르치고, 다른 사람과 교제할 때에도 말에 실수가 없으며, 교양과 예의가 있으면서도 유익을 주는 모범적인 사람이 된다면 더 바랄 것이 없습니다. 그러나 사람들 대부분은 말의 결함이 있습니다. 사람들과 대화를 나눌 때 자기도 모르게 말실수를 해서 스스로 부끄러움을 느끼는 경우가 있습니다. 그래서 조심해서 대화하고, 스스로 통제하는 것이 필요합니다. 되도록 듣기는 많이 하고 말을 적게 하는 것이 좋은 방법입니다. 성도는 어떻게 해서든 온전한 사람이 되기 위해 힘써야 합니다. 공동체마다 말의 부작용이 너무 큽니다. 그리고 말로 상처받는 사람도 매우 많습니다. 채찍으로 때리는 것은 몸에 자국을 남기지만, 혀로 때리는 것은 뼈를 꺾습니다(바클레이).

"능히 온 몸도 굴레 씌우리라." "굴레"는 동물을 제어하려고 머리나 몸을 구속하는 도구입니다. 작은 혀가 온전할 때 커다란 우리 몸이 온전해진다는 의미입니다. 이렇게 말하는 의도는 온전한 사람은 자신의 입과 몸의 절제를 잘하고 있다는 것입니다. 온전해지려면 말과 생각, 행동의 절제를 해야 합니다. 절제의 은사는 성도에게 꼭 필요합니다. "굴레"라는 단어는 1장 26절에서 "누구든지 스스로 경건하다 생각하며 자기 혀를 재갈 물리지 아니하고 자기 마음을 속이면 이 사람의 경건은 헛것이라"라고 했는데 여기에 나온 "재갈"과 같은 단어입니다. 즉, 본문의 "온 몸도 굴레 씌우리라"는 말을 "온 몸도 재갈 씌우리라"라고 이해할 수 있습니다. 그러나 재갈은 입에 채우는 것이므로 몸에 재갈을 씌운다고 하지 않고 굴레를 씌운다고 한 것입니다. 온전한 성도가 되려면 이렇게 자기 몸을 제어하기 위해 피나는 노력을 해야 합니다. 자기가 하고 싶은 대로 행동하다가는 미천한 자가 됩니다. 성숙함의 표시 중 하나가 자기 절제입니다(댄 매카트니).

3절 **"우리가 말들의 입에 재갈 물리는 것은 우리에게 순종하게 하려고 그 온 몸을 제어하는 것이라."** 이 구절에 나온 "재갈"도 앞에 나온 "'굴레"와 언어의 뿌리가 같습니다. 쇠로 만든 재갈을 본 사람도 있을 것입니다. 그것은 말(馬)의 입에 채워서 말이 함부로 음식을 먹지 못하게 하려는 것입니다. 주인은 말을 몰고 목적지로 가야 하는데, 말이 음식을 탐하여 길 가까이 있는 먹을 것이나 길옆의 풀을 뜯어 먹으려 한다면 큰 방해가 됩니다. 그래서 말을 제어하여 주인이 원하는 대로 행하도록 하려고 재갈을 물리는 것입니다. 말은 다루기 어려운 동물이어서 이렇게 강제로 절제시킬 수밖에 없습니다. 말의 입에 재갈을 물리지 않고 방치하면 말은 유익이 되는 짐승이 아니라 순식간에 큰 문제를 일으키는 사고뭉치로 전락합니다. 사람의 말이나 짐승의 입이나 같은 의미라는 뜻입니다.

4절 **"또 배를 보라 그렇게 크고 광풍에 밀려가는 것들을 지극히 작은 키로써 사공의 뜻대로 운행하나니."** 동물에 이어 배를 빗대어 이야기합니다. 배와 바람이라는 이중적인 논리가 있습니다. 배는 물 위에 떠다니는 큰 물체로, 바람이 불면 그 반대 방향으로 움직입니다. 배의 뒷부분에는 키가 있어서 사공이 조종한다면 바람을 거스르면서도 움직이게 할 수 있습니다. 그래서 광풍이 불어도 배를 제어하여 사공이 원하는 방향으로 진행시킬 수 있습니다. 배가 바람 부는 대로, 물결치는 대로 요동하지 않고 사공이 원하는 방향으로 항해하려면 제어 장치가 필요합니다. 앞에서 말의 입에 재갈을 물려 원하는 방향으로 가도록 하는 것과 배에 키를 달고 조종해 가려고 하는 목적지에 도달하는 것은 같은 이치입니다. 이제 이야기의 방향이 사람으로 향합니다.

5절 **"이와 같이 혀도 작은 지체로되 큰 것을 자랑하도다 보라 얼마나 작은 불이 얼마나 많은 나무를 태우는가."** 혀가 사람의 몸에서 차지하는 비중은 아주 작습니다. 아마 1퍼센트도 되지 않을 것입니다. 그러나 혀는 불과 같습니다(아를의 힐라리우스). 그러므로 혀는 작지만 큰 것을 자랑한다고 했습니다. "작다고 무시하지 말라. 나는 중요한 부분이다"라고 큰소리칠 것입니다. 작은 성냥불이나 담뱃불, 작은 불씨가 날아갔는데 그 불이 확산되어 산림을 불태우고 가옥을 전소시키는 등 큰 손해를 입히는 경우가 종종 있습니다. 그 작은 불씨가 대형 화재로 발전하면 지역 전체가 폐허가 되고 주민들의 탈출 행렬이 이어질 것입니다. 야고보는 이런 "작은 불"과 입안의 작은 "혀"를 비교하고 있습니다. 작은 불이 큰 화재로 발전해 인명과 재산의 막대한 피해를 가져오는 경우가 있듯이, 우리 몸의 작은 지체인 혀가 잘못 움직여 자신이나 가정 또는 교회나 나라까지 망가뜨리는 화를 불러올 수 있습니다. 잘못된 말 한마디는 화마와 같은 위력이 있습니다. 성도는 가르치는 것과 다른 사람을 책망하는 것을 조심하되, 특히 분노하지 말아야 합니다. 다른 사람을 책망할 때 그 말에 분노를 실으면 상대를 바르게 하기도 전에 자신이 왜곡됩니다. 그러므로 다른 사람을 구해놓고 자신이 파멸하는 어리석음을 범하지 말아야 합니다(마카리우스).

6절 **"혀는 곧 불이요 불의의 세계라 혀는 우리 지체 중에서 온 몸을 더럽히고 삶의 수레바퀴를 불사르나니 그 사르는 것이 지옥 불에서 나느니라."** 혀는 작은 기관이지만, 사람 사이에 불을 일으킬 수 있는, 즉 분란이나 부정적인 사건을 일으킬 수 있는 도구가 될 수 있습니다. 이 구절에서 "세계라"는 말은 아주 넓고 큰, '하늘과 땅처럼'이라는 뜻입니다. 혀는 화살과 같아서 멀리 있는 사람도 죽입니다(유대인 랍비). 그리고 교만한 말이나 분노를 분출하는 언어폭력으로 불의한 일을 저지르기도 합니다. 우리 몸에서 작은 부분인 혀를 잘못 움직여 몸 전체를 더럽히기도 하고, 삶의 수레바퀴를 불사르고 인생을 망가뜨릴 수 있습니다. 결국 성도로서 온전한 삶을 살지 못하게 됩니다.

"더럽히고"는 혀가 움직이자 불과 연기가 발생하여 자욱하게 더럽혀진 것처럼 된다는 뜻입니다. 혀가 저지른 잘못된 입놀림으로 발생한 불은 지옥 불에 근원이 있습니다. 하나님이 활활 타오르는 지옥 불로 죄지은 자를 태우시듯이, 혀는 모든 소중한 것을 태우는 불을 일으킵니다. 혀가 일으키는 불이든 지옥 불이든 모든 것을 잿더미로 만든다는 것에서는 동일합니다. 그러므로 성도는 말을 할 때 심사숙고하고 긴장하며 조심해야 한다는 것을 기억해야 합니다. 말의 실수를 줄이고 줄여서 온전한 사람이 되어야 합니다. 사탄이 타락한 것은 도둑질, 살해, 간통을 저질러서가 아닙니다. 그는 혀 때문에 타락했습니다. 사탄은 거짓말쟁이며 파괴자입니다. 그가 한 말이 성경에 기록되어 있습니다. "내가 하늘에 올라 하나님의 뭇 별 위에 내 자리를 높이리라…가장 높은 구름에 올라가 지극히 높은 자와 같아지리라"(사 14:13-14). 이것이 사탄의 음성입니다(히에로니무스).

단물과 쓴 물이 나오다

7절 **"여러 종류의 짐승과 새와 벌레와 바다의 생물은 다 사람이 길들일 수 있고 길들여 왔거니와."** 야고보는 앞에서 사람이 말과 배를 조종한다고 했습니다. 이 구절에서는 계속해서 사람이 여러 종류의 짐승, 새, 벌레, 바다의 생물을 길들일 수 있다고 말합니다. 사실 이 세상에 생물의 종류가 얼마나 많은지 다 밝혀지지 않았습니다. 아직까지 사람이 발견하지 못한 생물이 많습니다. 그런데 사람과 가까이 지내는 짐승은 사람이 길들여서 함께 지냅니다. 그중에는 새도 있고 벌레도 있고, 바다 생물도 일부 있습니다. 길들이고 훈련하지 못하는 종류는 사람을 해치지 못하도록 통제할 수 있습니다. 사람이 모든 짐승을 통제하고 있으므로 사람이 큰 피해를 입지 않고 살 수 있습니다. 아무리 개체 수가 많고 사나운 맹수라도 사람은 그 동물을 길들이거나 울타리에 가둘 수 있습니다.

8절 **"혀는 능히 길들일 사람이 없나니."** 야고보는 "혀"에 관해 다시 이야기를 꺼냅니다. 사람이 여러 생물을 길들여왔지만, 자신의 혀를 길들일 사람은 없다는 뜻입니다. 즉, 선한 말만 하고 악한 말은 하지 못하도록 제어할 수 있는 묘안이 없다는 것입니다. 서커스를 보면 곰이나 원숭이 같은 동물을 사람이 길들여서 공연하는데, 사람의 세 치 혀는 길들일 방법이 전혀 없다는 것입니다. 사람의 혀는 큰 들짐승에 비하면 너무나 작고, 사람 몸에 대비해서도 극히 작은 부분인데도 길들이는 것이 불가능하다는 것입니다. 다른 사람의 혀든 내 혀든 길들여서 통제할 수 없습니다. 불의한 말을 하는 사람을 제재해 그렇게 하지 못하게 하더라도 그것은 일시적일 뿐, 그 말을 아예 멈추도록 하는 것은 불가능합니다. 또 우리가 생각으로는 이런 말을 하면 안 된다고 하면서도, 인지하지 못하는 사이에 혀가 움직여 불미스러운 말이 튀어나오기도 합니다. 그래서 그런 말을 하고 싶지 않지만, 부정적인 말, 믿음 없는 말, 불의한 말, 악행을 조장하는 말, 몰상식한 말이 나온다는 것입니다. 만약 왼손이 우리도 모르게 이상하게 행동하면 오른손으로 잡아 멈추게 할 수 있습니다. 손이든 발이든 마음이든 대부분 통제되는데 혀는 통제되지 않습니다. 그래서 누구나 자기가 내뱉은 말을 후회하고 고민한 적이 있을 것입니다. 수도사 시소이스는 이렇게 기도했습니다. "주님, 저의 혀에서 저를 지켜주옵소서. 혀가 저로 하여금 거듭 실족케 하나이다."

"쉬지 아니하는 악이요." 야고보는 사람이 혀를 놀리는 것에 대해 상당히 부정적인 평가를 합니다. 우리는 혀로 긍정적인 말, 다른 사람을 칭찬하는 말, 복음을 전하는 말을 합니다. 이렇게 긍정적인 부분도 있지만, 혀가 쉬지 않고 움직이며 악을 행하는 것도 사실입니다. 일반적으로 여자가 남자보다 말을 더 많이 한다고 하지만, 남자도 여자만큼이나 말이 많다는 학자도 있는 것을 보면, 결국 사람은 남녀를 막론하고 다 말이 많다는 것을 인정하게 됩니다.

이 구절에서 혀를 "쉬지 아니하는 악"이라고 표현했는데, 그것은 말을 가리키는 헬라어 원뜻에는 철창에 가둔 짐승이 그곳에서 나오려고 팔다리를 내밀고 몸부림치는 모습이 있기 때문입니다. 마치 못 잡아먹어서 안달 난 모습입니다. 이 글은 믿음의 사람들을 대상으로 쓴 서신이고, 그들의 언어생활에 관해 교훈하려는 것인데, 사람의 혀가 치아 사이로 내밀어지는 것을 마치 짐승이 철창에서 나오려는 것 같다고 묘사하는 것입니다. 참으로 놀랍습니다. 사람들의 언어생활을 이런 모습에 비유할 수 있는 것은 사람들의 언어 습관을 지켜보면 이해할 수 있습니다. 사람은 열심히 일하다가도 휴식을 취하는데 혀는 휴식이 없습니다. 누워서도 말하고 병이 들었어도 말합니다. 이 말씀을 통해 우리 자신의 언어생활을 뒤돌아볼 수 있습니다. 초대교회의 성도들뿐 아니라 우리에게도 얼마든지 이런 부끄러운 모습이 있다는 것을 인정해야 합니다.

"죽이는 독이 가득한 것이라." 혀를 움직일 때 독이 나온다는 말은 독사를 연상하게 합니다. 독사는 일반 뱀과 이가 다릅니다. 독사에 물리면 구멍이 두 개가 납니다. 독사는 입의 위쪽에 두 개의 긴 독니가 있어서 그것으로 찌른 다음, 독물을 주입하여 상대를 죽입니다. 뜻밖에도 등반하다가 독사에 물려서 죽는 안타까운 사건이 종종 일어납니다. 이토록 무서운 독사를 성도의 말에 비유하는 것은 소름 끼치는 일입니다. 사람의 입에 독소가 가득하면 그 악을 (누구도) 제어할 수 없습니다(뱅겔). 성도가 말을 했는데 그 말에 독이 흐르니 듣는 상대가 심령에 심한 상처를 입습니다. 지속적으로 상처 주는 말을 한다면, 상대는 마음의 상처로 침체에 빠지고 서서히 죽어갈 수 있습니다. 심령이 연약한 사람은 상처의 골이 깊어져 끝내는 극단적 선택으로 인생을 마무리할지도 모릅니다. 다른 사람을 판단하는 말, 부정적인 말, 다그치고 압박하는 말, 무시하는 말을 하면 사람은 정신적으로나 정서적으로 압박을 견디지 못합니다. 혀를 은혜롭게 사용하면 상대가 건설적으로 발전해갈 수 있지만, 혀를 부정적으로 사용하면 듣는 사람이 망가지게 됩니다. 야고보는 초대교회 성도들에게 경고 차원에서 이렇게 말하는 것입니다. 그들은 주님 나라를 위하여 핍박도 이기고 믿음을 지킨다고 자부했지만, 그들의 언어생활에서는 심각한 문제가 있었던 것입니다. 성도들이 모여서 온갖 추한 꼴을 다 보이고 있었습니다. 독이 있는 말은 사람의 몸만 죽이는 것이 아니라 영혼을 죽일 수도 있고, 심지어는 교회를 죽일 수도 있습니다(댄 매카트니).

9절 **"이것으로 우리가 주 아버지를 찬송하고 또 이것으로 하나님의 형상대로 지음을 받은 사람을 저주하나니."** 하나님은 인간을 지으시고 그에게서 찬송받기를 원하십니다. 이 구절에서 "아버지를 찬송"한다고 한 것은 그가 하나님을 믿는 사람이라는 뜻입니다. 하나님을 믿지 않으면서 그분을 찬송할 수 없기 때문입니다. 그런데 야고보는 성도가 입으로 하나님을 찬양하면서 또 독이 가득한 말을 입으로 흘려보내 다른 사람을 저주한다고 했습니다. 사람이 저주할 때 보통 입술과 혀에 힘을 주고 이를 갈면서 저주합니다. 반면, 좋은 말을 할 때는 입에서 힘을 빼고 부드럽게 말합니다. 성도가 교회에서는 두 손을 들고 주님을 사랑하는 모습으로 찬양하지만, 다른 사람들에게는 악독한 말이나 저주하는 말을 스스럼없이 내뱉는다고 하는 것입니다. 사랑이 "최고의 법"(2:8)인 것을 잊어버리고 하나님의 형상을 입은 인간을 저주합니다. 그러므로 사람이 다른 사람을 저주하면 간접적으로 하나님을 저주하는 것과 같습니다(박윤선). 특히 예수님을 믿고 구원받은 사람은 거룩한 하늘 백성입니다. 주님은 "이 작은 자 중의 하나를 실족하게 할진대 차라리 연자맷돌이 그 목에 매여 바다에 던져지는 것이 나으리라"(눅 17:2)고 하셨습니다. 그만큼 성도 한 사람 한 사람이 너무나 귀합니다. 하나님의 사람이 하나님의 형상을 입은 사람에게 저주하고 고함치고 상처 주고 쏘아붙이는 것은 있을 수 없는 잔혹한 일입니다. 성도는 하나님의 형상을 회복해야 합니다.

10절 **"한 입에서 찬송과 저주가 나오는도다 내 형제들아 이것이 마땅하지 아니하니라."** 이것은 정말 허용할 수 없는 악행입니다. 야고보가 이렇게까지 표현한 것은 실제 이런 성도가 교회 안에 독사처럼 똬리를 틀고 있었기 때문입니다. 그래서 하나님의 백성으로서 한 입으로 "찬송"도 하고 "저주"도 하는 것은 사악한 행동이라고 책망하는 것입니다. 만약 이렇게 더럽혀진 입술로 하나님을 찬송한다면 하나님은 거절하실 것입니다. 그런 종교 행위는 헛된 것이 됩니다. 성도는 하나님이 택하신 거룩한 백성이기 때문에 언행에도 거룩함이 묻어나야 합니다.

11절 "샘이 한 구멍으로 어찌 단 물과 쓴 물을 내겠느냐." 사람의 마음은 샘과 같습니다(뱅겔). 모든 샘은 저마다 특징이 있습니다. 어떤 샘물은 달고 어떤 샘물은 시원하며 어떤 샘물은 차갑습니다. 그런데 한 샘물에서 나오는 물을 마셨는데 어떤 때는 달고 어떤 때는 쓰다는 것은 이치에 맞지 않습니다. 이것은 그 지역의 자연환경에 격변이 없는 한 나타날 수 없는 현상입니다. 물은 달든지 쓰든지, 미지근하든지 차든지 이미 결정돼 있습니다. 사람에게 꼭 필요한 이 샘물은 생명에 도움을 주거나 아니면 생명을 죽일 수도 있습니다. 성도가 만일 한 입으로 단물과 쓴 물이 나오는 이중 행동을 한다면 이는 외식이며 용납할 수 없는 불법 행위입니다.

12절 "내 형제들아 어찌 무화과나무가 감람 열매를, 포도나무가 무화과를 맺겠느냐 이와 같이 짠 물이 단 물을 내지 못하느니라." 무화과나무는 무화가 열매를 맺고 포도나무에서는 포도 열매가 맺힌다는 지당한 말입니다. 지금까지 이야기한 내용의 결론이 바로 "짠 물이 단 물을 내지 못하느니라"라는 것입니다. 성도가 추구하는 것, 교회가 필요로 하고 성도가 필요로 하는 것은 단물입니다. 믿음의 공동체에서는 서로 단물을 제공해주어야 합니다. 그리고 서로 펴 날라야 합니다. 그래서 성도를 만나서 대화를 나누면 단물을 얻어 마신 것처럼 맛있고 기쁨이 넘치며 갈증이 해소된 느낌을 받아야 합니다.

어떤 사람이 근본적으로 짠물이라면 그 사람에게서는 계속 짠물만 나오지 단물이 솟아날 리가 없습니다. 그 사람이 만일 다른 사람을 저주하고 욕한다면 그는 원래 짠물인 사람이라는 증거로, 이는 어쩌다가 짠물을 뿜어낸 것이 아니라 근본이 그런 사람이라는 것입니다. 그런 사람에게서 단물이 흘러나온다면 그것은 진짜 단물이 아니라 흉내를 낸 것일 뿐입니다. 짠물은 쓸데가 없습니다. 짠물은 생명을 살리지 못합니다. 농사를 지으려면 물이 많이 필요하지만 애석하게도 도움이 되지 않습니다. 바닷물을 식물에게 주면 오히려 다 죽습니다. 하나님을 믿는 성도는 늘 긴장해야 합니다. 왜냐하면 인간은 원래 죄인이었기 때문입니다. 예수님을 믿고 하나님의 자녀가 되었지만, 여전히 죄의 영향을 받고 있습니다. 우리의 혀는 근본적으로 사나운 짐승이나 독사와 같은 성질을 가지고 있으므로 우리는 회개하고 자신을 깨끗이 하는 데 목숨을 다해야 합니다. 그렇게 하지 않으면 아무리 신앙생활을 오래 하고 귀한 직분을 가졌을지라도, 그의 입에서는 예상치 못한 때에 짠물이 솟구쳐 나오게 됩니다. 설혹 짠물이었을지라도 변화하여 단물 같은 신앙생활을 해야 합니다.

진정한 지혜

13절 "너희 중에 지혜와 총명이 있는 자가 누구냐 그는 선행으로 말미암아 지혜의 온유함으로 그 행함을 보일지니라." 야고보는 성도들에게 공동체 안에서 "너희 중에 지혜와 총명이 있는 자가 누구냐"라고 묻습니다. 이 말에는 성도들을 책망하고 야단치는 의미가 있습니다. 사람은 지혜로워 보이지만, 모든 사람이 다 지혜로운 것은 아닙니다(뱅겔). 이 구절에서 말하는 지혜와 총명이 있는 자는 교회 안에서 가르치는 위치에 있는 지도자급인 사람을 말합니다. 그런 사람들을 향해 "선행을 행하라"고 권고합니다. 진정 지혜롭고 총명한 사람은 선행을 행한다는 것이고, 그 행함으로 교회 안에서 지혜와 총명을 나타내야 한다는 것입니다. 말만 하지 말고 진정 선한 일을 행하는 사람이 되고, 지혜의 온유함으로 믿음을 보여야 합니다. 지혜가 필요한 이유는 인생에서 가장 유익한 노선을 걷기 위해서입니다. 그러므로 하나님이 주시는 지혜로 슬기롭게 대처해나가야 합니다.

14절 "그러나 너희 마음속에 독한 시기와 다툼이 있으면 자랑하지 말라." 당시 지혜자라고 하는 사람들이 시기하고 다투면서 경거망동하는 삶을 살았다고 말합니다. 우정 어린 경쟁은 정죄할 일이 아닙니다. 사랑이 배어 있는 노(努)나, 믿음이나 사랑에서 나오는 노는 나쁜 것이 아닙니다(뱅겔).

"독한 시기"는 옳지 않은 열정을 말합니다. 시기심은 다른 사람보다 자신이 더 앞서야 한다는 강박적인 생각에서 나옵니다. 그러므로 악한 마음으로 다른 사람을 해롭게 하다가 결국 자기까지도 해를 입는 것입니다. 이런 불량한 마음을 가지고 있는 자칭 지혜자들이 있었으니 한심할 따름입니다. 우리나라 속담에 "사촌이 밭을 사면 배가 아프다"는 말이 있습니다. 아마도 시기심이 일어날 때 배에 잠복해 있던 악의 영향력이 움직이거나 새로 유입되어 그럴 것입니다. 배에서는 생수의 강이 흘러야 하는데(요 7:38), 어둠의 세력들이 차지하고 있으므로 영적, 육적으로 입는 피해가 이만저만이 아닙니다.

"다툼"에 대해 언급는데 사실 교회 안에서 가장 삼가야 할 일이 다툼입니다. 주님도 산상수훈에서 화평에 대해 말씀하셨습니다(마 5:9). 화평은 아주 중요한 기독교 덕목이고, 믿음 생활을 모범적으로 하는 성도에게 나타나는 중요한 생활 규범입니다. 만일 가정에서나 교회에서 다투고 싸우는 일이 밥 먹듯이 일어난다면 그는 믿음 없는 불신자와 같다고 할 수 있습니다. 그래서 야고보는 이런 다툼이 있는 사람이라면 자신에게 지혜와 총명, 믿음이 있다고 자랑하지 말라는 것입니다. 진정 지혜 있는 자는 싸우기보다 이해하고 용서하는 데 익숙합니다. 이 세상에서 가장 어려운 일 중 하나는 격분하지 않고, 또 상처 입지 않고 논쟁하는 것입니다(바클레이).

"진리를 거슬러 거짓말하지 말라." 여호와를 경외하는 것이 지혜의 근본입니다(시 111:10). 지혜 있는 자는 하나님의 마음과 원하시는 뜻을 잘 알고 행합니다. 분명한 것은 시기하고 다투는 자는 하나님의 성품을 본받은 자가 아니라는 것입니다. 그런데 지혜 있다고 자부하는 사람이 다투고 싸운다면 그 사람이 정말 지혜 있는 자인지 의심할 수밖에 없습니다. 만일 자신에게 지혜가 있다고 끝까지 우긴다면 그 지혜는 하나님에게서 온 것이 아니라 어둠의 세력이 주었을 것입니다. 그러므로 성도가 분쟁을 일삼으면서 자신이 지혜가 있다고 떠벌린다면 그것은 새빨간 거짓말입니다.

15절 "이러한 지혜는 위로부터 내려온 것이 아니요 땅 위의 것이요 정욕의 것이요 귀신의 것이니." "이러한 지혜"는 2장 14절에 나오는 "그 믿음"과 상통합니다. 참된 지혜는 올바른 관계를 만들어내는 지혜입니다(바클레이). 또한 유익을 끼쳐야 합니다. 즉, 행함 없는 믿음은 믿음이 아닌 것처럼, 시기와 다툼을 일으키는 지혜가 있다면 그것은 진정한 지혜가 아닙니다. 교회 공동체 안에서 시기하고 싸우고 다투면서도 스스로 지혜 있다고 자랑하는 자는 그 지혜의 출처가 "위로부터 내려온 것"이 아니라는 것입니다. 즉, 하나님이 수여하신 은혜가 아니라는 뜻입니다. "땅 위의 것"은 세상적인 것을 가리키고 인간의 욕구를 뜻합니다. 또 "정욕의 것"이라고 말하는데, 정욕은 간단히 말해서 짐승과 같다고 하는 것이며, 본성에 따라 행동하는 것을 말합니다. 이것은 성령에게서 온 신령한 지혜가 절대 아닙니다.

사람은 영성, 이성, 감성, 육체의 네 요소로 이루어졌습니다. 짐승과 사람의 차이는 사람에게는 짐승에게 없는 영성과 이성이 있다는 것입니다. 그런데 이 구절에서 말하는 "이러한 지혜"를 가진 자는 이성과 영성을 사용하지 않고 본능이 요구하는 대로 행동하는 것입니다. 그래서 '정욕적'입니다. 이성과 영성이 있으면 옳고 그른 것을 분별하고 하나님의 뜻을 잘 깨닫습니다. 그런데 야고보는 영성과 믿음이 좋아 보이는 초대교회 성도들에게 짐승과 같다고 말하는 것입니다.

"귀신의 것이니", 즉 독한 시기와 다툼이 있는 자들은 귀신의 영향을 받아 악한 성격이 되어 이런 행동을 하는 것입니다. 이런 지혜는 마귀도 가지고 있습니다(뱅겔). 고향을 떠나 낯선 곳에서 공동체를 이루고 신앙생활하는 사람들인데도 놀랍게 귀신이 조장하는 못된 행동을 서슴없이 행하고 있는 것입니다. 사실 귀신의 영향을 받는다는 말은 어느 시대, 어느 성도에게도 낯설지 않습니다. 성도들이 여러 문제에 노출되어 있으면서도 귀신을 의식하지 않는다는 것은 영적 무지에 빠져 있음을 보여줍니다. 첫 번째 성경인 창세기에도 그리고 마지막 성경인 요한계시록에도 사탄이 등장합니다. 사실 정신병동에 수용되어 치료받고 있는 사람의 상당수가 악한 영의 영향을 받은 것이라는 분석도 있습니다.

16절 **"시기와 다툼이 있는 곳에는 혼란과 모든 악한 일이 있음이라."** 이것은 17절의 "화평"과 반대되는 행위입니다. "시기와 다툼이 있는 곳"은 어디든지 "혼란과 모든 악한 일"이 있습니다. "혼란"은 어지럽다는 뜻인데 무엇이 옳은 것인지, 어떻게 행동해야 하는지 알지 못하는 상태를 말합니다. 또 시기와 다툼이 있으면 여러 가지 죄악이 계속 발생합니다. 다툼은 혈기가 많고 교만하여 일어나는 것이고, 그 속에 시기와 질투가 발생하여 온갖 죄악을 불러들입니다. 눈 뜨고 봐줄 수 없는 온갖 추잡한 행태가 나타날 것입니다. 그래서 시기와 다툼은 대수롭지 않아 보여도 이것이 모든 악을 불러들이는 허용된 통로라 할 수 있습니다. 만일 공동체에서 시기하고 다투며 싸운다면 더 말할 것도 없이 사탄의 영이 활개를 치는 중입니다. 교회가 사탄의 놀이터로, 성도들은 자기들끼리의 전쟁터로 전락한 것입니다.

17절 **"오직 위로부터 난 지혜는 첫째 성결하고."** 자칭 지혜자라고 하지만 문젯거리 선생들을 섬뜩하게 하는 말입니다. 지혜는 두 가지로 나눌 수 있다고 말하는 것인데, '하늘에서 내려오는 것'과 '땅에 있는 것'으로 나눌 수 있습니다. 어느 지혜의 영향권에 있느냐에 따라 그 사람의 가치는 천지 차이가 납니다. 결국 생사의 갈림길에 서는 상황이 되는 것입니다. 당연히 '바른 것'은 하늘에서 내려옵니다. 그러므로 성도가 하나님께 영광을 돌리고 지혜를 구하는 것이 최고의 정의입니다(보나벤투라). 여기서 위로부터 난 지혜의 성격을 설명하는데 첫 번째로 "성결"을 제시합니다. 성결은 거룩하고 깨끗함을 의미합니다. 땅, 정욕, 귀신의 것과 정반대입니다. 하나님은 성결하신 분이므로 그분에게서 나오는 말씀은 성결하고, 흠이나 녹슨 것이 없으며, 깨끗하고 거룩합니다. 그래서 성결한 말씀이 위에서 내려오기 때문에 그 말씀을 받는 사람은 생각과 말과 행동이 성결하고 깨끗할 수밖에 없습니다. 천국에서 환영받는 사람은 성결한 사람입니다.

"다음에 화평하고." 하나님은 원래 화평한 분이고 우리와도 화평하게 지내기를 원하십니다. 그런데 마귀가 하나님과 사람 사이를 훼방하여 문제가 생긴 것입니다. 그러므로 우리가 해야 할 일 중 첫 번째는 하나님과 "화평"을 도모하는 것입니다. 하나님과의 관계가 좋은 삶이 최고로 축복받은 삶입니다. 하나님이 화평이시기에 하나님을 믿는 성도들도 어느 장소에 있든지 화평해야 합니다. 그리고 이런 사람이 진정 지혜와 지식과 총명이 있는 사람이고, 훌륭한 믿음의 소유자입니다. 참 지혜는 화평에 기여합니다(댄 매카트니).

"관용하고." "관용"은 과격하지 않고, 너그러운 마음으로 양보하며, 상대를 이해하는 것을 말합니다. 너그러운 마음을 소유한 사람은 상대방을 쉽게 판단하거나 비판하지 않으며, 그의 주장에 귀를 기울입니다. 그리고 죄를 범한 사람에게 벌을 주려고 애쓰기보다 그를 어떻게 도울까에 관심을 기울입니다. 관용의 마음은 위로부터 지혜를 받은, 즉 하나님께 은혜를 받은 사람의 태도라 할 수 있습니다.

"양순하며." "양순"은 겸손과 유사한 것으로, 이것은 겸손한 마음으로 사람들의 말과 하나님의 말씀을 받아들이고 순종하며 행동하는 것을 말합니다. 겸손과 양순의 차이는 겸손은 행동으로 옮기기 전이고, 양순은 행동으로 옮긴 것입니다. 교회에는 양순의 은혜를 받은 사람이 많습니다. 가르치는 사람의 말을 여차하면 거역하거나 자기 주장을 강하게 내세우지 않고, 지도자를 존중하며 겸손하게 따르는 자가 위로부터 난 지혜를 가진 사람입니다.

"긍휼과." "긍휼"은 다른 사람들을 불쌍히 여기는 마음을 말합니다. 기독교는 정의를 부르짖으면서도 문제가 발생하면 긍휼의 마음을 갖습니다. 이 땅에는 긍휼한 마음으로 대할 사람이 너무 많습니다. 성도는 교회 안의 사람이나 교회 밖의 사람이나 항상 이해하려는 태도를 견지해야 합니다. 사람을 돕지 않고서는 진정으로 그를 동정한다고 할 수 없습니다(바클레이).

"선한 열매가 가득하고." 하나님께 은혜를 받고 위로부터 난 지혜를 받아 진정으로 지혜와 총명이 있는 지도자와 성도에게는 당연히 선한 열매가 있습니다. 가을이 되면 나무마다 열매가 맺히고, 사업하는 사람들도 연말이 되면 결산하듯이, 하나님께 은혜를 받은 사람은 하나님 앞에서 그리고 가정, 교회, 기업에 열매가 가득해야 합니다. 그래서 그 열매들을 하나님께도 올려드리고 사람들에게도 나눠주어야 합니다. 그래야 그 사람의 삶에 나타나는 지혜와 총명이 하나님에게서 왔다고 누구나 인정할 수 있습니다.

"편견과 거짓이 없나니." "편견"은 자기 생각으로 다른 사람을 까다롭게 판단하거나 의심하는 부정적 행위를 뜻합니다. 이 자체가 지혜롭지 못한 것입니다. 하나님께 지혜를 얻으면 그 지혜가 풍성하므로 세상의 모든 것을 알고 이해할 수 있습니다. 특히, 큰 자와 작은 자를 차별하지 않습니다. 그리고 모든 악한 것을 거절합니다(벵겔). 그런데 하늘에서 온 지혜가 아닌 세상에서 배우고 들은 것으로, 어떤 경우에는 오염된 지식을 가지고 영적인 것이나 세상적인 것을 판단하면 오류가 생깁니다. 그것이 올바르지 않은 편견이 됩니다.

"거짓"은 계속해서 이야기한 것으로 위선과 가벼운 말을 뜻합니다. 거짓된 자는 부한 자 앞에서는 위선을, 낮은 자에게는 간접적으로 무례함을 보입니다. 거짓의 아비는 마귀입니다(요 8:44). 그런데 교회 안에도 거짓말하는 사람이 있으므로 교회 안에 마귀의 영향을 받는 사람이 존재할 수 있다는 것입니다. 교회는 마귀의 공격에 무풍지대가 아닙니다. 그러므로 늘 영적으로 무장하여 거룩한 공동체에서 이런 편견과 거짓이 사라지게 해야 합니다. 마귀는 이 세상의 주인입니다(루터). 정말 무서운 것은 거짓을 퍼트리면서 자신이 하나님의 뜻을 안다거나 주님의 음성을 들었다고 사기를 친다는 것입니다. 에스겔서에서 하나님은 그러한 자들을 "여우"같다고 하셨고, "본 것이 없이" 말하였다고 하셨으며, 결국 그들을 "내 백성의 공회에 들어오지 못하게" 하고 "이스라엘 족속의 호적에도 기록되지 못하게" 하라고 엄중하게 말씀하셨습니다(겔 13:1-9).

18절 **"화평하게 하는 자들은 화평으로 심어 의의 열매를 거두느니라."** "화평"은 인간과 인간 사이에 올바른 관계를 맺는 것을 뜻합니다(바클레이). 그러므로 가정과 교회에서 화평을 도모하는 사람이 하늘로부터 지혜를 얻은 사람이고, 하나님께 사랑과 은혜를 받은 사람입니다. 만약 성도가 화평을 깨는 것을 대수롭지 않게 여기고, 시도 때도 없이 시기와 다툼을 벌인다면 이는 세속적이고 정욕적이며 마귀적이라고 할 수 있습니다. 이러한 것이 공동체에서 화평의 분위기를 망가뜨리는 주범입니다. 아마도 마귀가 은밀하게 파송한 간첩일 수도 있습니다. 매사에 화평을 도모하는 마음으로 모든 일을 처리한다면 화평으로 심는 것이고, 이는 결국 "의의 열매"를 거둡니다. 시간이 지나면 그 사람의 행위가 어떤 의도였는지 더 분명하게 나타납니다. 화평의 마음으로 활동하는 것만 바르고 좋은 결과를 맺습니다. 사람 사이에 관계가 바르지 않는다면 의는 존재하지 못합니다. 진정한 믿음이 있는 사람이 되려면 더욱 화평에 힘써야 합니다.

JAMES

4장

정욕적 행동

1절 "너희 중에 싸움이 어디로부터 다툼이 어디로부터 나느냐 너희 지체 중에서 싸우는 정욕으로부터 나는 것이 아니냐." 고국을 떠나 이방 땅에 거하는 사람들 사이에, 환란과 박해를 피해 모여 사는 성도들 사이에 싸움과 다툼이 일어났다는 것입니다. 성도들은 지금 타국살이를 하는 중입니다. 그런데 이들이 서로를 아껴주고 이해하지는 못할망정 서로 다투고 싸운다는 소식을 야고보가 들었습니다. 그래서 야고보는 이렇게 숨죽이고 살아가는 성도들이 서로 싸우는 것을 보고 신랄하게 충고하고 책망하는 것입니다.

싸울 법한 상황에서도 싸우지 않는 사람이 있습니다. 이런 사람들은 대개 마음이 편안한 사람들입니다. 어려서부터 부모님의 사랑도 많이 받고 물질적인 어려움도 없었을뿐더러 인생이 쭉쭉 뻗어나가는 삶인 경우입니다. 그러므로 다른 사람들이 다 겪어본 고난도 별로 겪지 않은 사람이 대부분입니다. 반대로 살아오면서 상처가 많은 사람은 조그만 일에도 상처를 받고 잘 싸우는 경향이 있습니다. 사실 초대교회 성도들은 대부분 박해를 피해 고국 땅을 떠나 이방 나라를 떠돌아다니면서 마음의 불안과 경제적 문제 등 여러 힘든 상황 속에서 많은 상처를 받았을 것입니다. 그래서 초대교회 성도들은 근본적으로 상처를 안고 있을 수밖에 없었을 것입니다. 자연스럽게 비정상적인 성격을 가진 사람도 있었을 것입니다. 이렇게 상처로 인한 분노가 가슴에 쌓여 있다가 작은 문제가 일어나도 그것을 계기로 폭발하게 되는 것입니다. 그래서 상처가 많은 사람이 모여 있는 곳에서는 분쟁이 끊임없이 일어날 수 있습니다. 이런 불안정한 상태에 있는 사람의 비율이 세상의 일반 사람보다 많았을 것이고, 교회 안에도 평안한 사람보다 그 수가 더 많았을 것입니다.

야고보가 "너희 중에 싸움이 어디로부터 다툼이 어디로부터 나느냐" 라고 말한 것은 공동체의 몇몇 사람이 싸운 것이 아니라 다수에게서 다툼이 일어났음을 가리킵니다. 아마도 극심한 논쟁을 일삼았을 수도 있습니다. 여기서 "싸움"과 "다툼" 두 가지를 말합니다. 먼저 '싸움'은 치열하고 장시간 싸우는 것을 말합니다. '다툼'은 가끔 충돌하지만 심각하지 않은 상태입니다. 결론은 똑같은 내용이지만 비중에 차이가 있는 것입니다.

야고보는 "너희 지체 중에서 싸우는 정욕으로부터 나는 것이 아니냐"라고 했는데 이것은 육체가 원하는 것을 가리킵니다. 자신에게서 치밀어 올라오는 정욕을 이기지 못해 성도끼리 싸운다는 말입니다. 여기에서 "정욕"(헬, 헤도네, ἡδονή)은 향락, 쾌락이라는 말로 바꾸어도 무리가 없습니다. 초대교회 안에서 자신의 사적인 욕심이나 고집, 잘못된 기대 등으로 문제를 일으키고, 성도들 사이에 의견 충돌로 싸우는 사람들이 여기저기서 발생한 것입니다. 이런 싸움이 절제되지 않아 서로 진흙탕 싸움을 벌이고 찢겨서 피투성이가 되기도 합니다. 이런 행위는 교회 밖 사람들까지도 눈살을 찌푸리게 하는 일입니다. 그러므로 그리스도인은 모이면 싸운다는 인상을 이웃들에게 심어주고 있었습니다.

2절 **"너희는 욕심을 내어도 얻지 못하여 살인하며 시기하여도 능히 취하지 못하므로 다투고 싸우는도다 너희가 얻지 못함은 구하지 아니하기 때문이요."**
"너희는 욕심을 내어도"라는 말은 "싸우는 정욕"과 관계가 있습니다. 즉, 성도들이 온당치 않은 욕심을 품고 있다는 것입니다. "욕심"은 자기 뜻이 이루어지기까지 아직 때가 되지 않았고 소유할 준비도 되지 않았는데도 요구하거나 바라는 것을 말합니다. 여기에 기대치가 분에 넘치도록 높을 수 있습니다. 초대교회 성도 중 이러한 욕심을 낸 사람이 있다는 것입니다. 이들은 외적으로 볼 때는 믿음이 굉장히 좋아 보이지만, 그 내면은 욕심에 사로잡힌 사람입니다.

또한 성도들이 아무리 욕심을 내도 원하는 것을 얻지 못한다고 말합니다. 이 욕심이 어떤 것인지 확실하게 말하지는 않습니다. 그러나 야고보서 4장과 5장을 볼 때 교만과 재물에 관한 문제와 관련이 있음을 알 수 있습니다. 초대교회 안에 자신이 높아지려 하고 다른 사람들을 조종하고 지배하려고 하는 사람이 있다는 것입니다. 이것이 바로 욕심인데, 특히 정욕에서 비롯된 욕심이라 할 수 있습니다. 이런 교만의 문제가 초대교회 안에 비일비재했던 것입니다.

"살인하며 시기하여도 능히 취하지 못하므로", 즉 초대교회 안에서 살인하고 시기했다고 말하는 것입니다. "살인하며"의 의미는 살인을 했다는 것이 아니라 가상으로 표현한 것입니다(박윤선). 야고보는 다툼의 잘못을 강조하면서 초대교회 성도들이 살인과 시기를 한다 한들, 그런 식으로는 그들이 원하는 것을 얻지 못할 것이라고 단언하는 것입니다.

"너희가 얻지 못함은 구하지 아니하기 때문이요"라는 말은 성도들이 하나님께 구하지 않았다는 뜻입니다. 하나님께 얻고자 하는 것이 있으면 당연히 구해야 합니다. 그리고 그것을 주실 때까지 기도하며 기다려야 합니다. 그러나 그렇게 구하지 않아서 얻지 못한 것인데, 다른 사람이 그것을 이미 가진 것을 보고 시기하여 살인까지 저지른다는 것입니다.

사실 욕심이 많고 정욕에 빠진 사람은 하나님께 기도하려고 시도해도 기도가 되지 않습니다. 하나님의 사람은 그분의 뜻대로 살아가려고 힘쓰고 그 뜻을 구해야 하는데, 욕심이 많으면 정욕대로 구하게 되기 때문에 영적 행위인 기도가 잘될 리가 없습니다. 기도는 하나님과 교통하는 것이므로 자기 마음은 내려놓고 주님의 말씀을 듣는 관계가 되어야 비로소 기도로 소통할 수 있습니다. 기도가 잘되지 않는 이유 중 하나는 마음이 쓸데없는 욕심으로 가득 차서 성령이 역사하실 수 없기 때문입니다. 이런 사람은 하나님의 심판을 피하기 어렵습니다. 바울은 로마교회에 "네가 어찌하여 네 형제를 비판하느냐 어찌하여 네 형제를 업신여기느냐 우리가 다 하나님의 심판대 앞에 서리라"(롬 14:10)고 호통을 쳤습니다.

3절 **"구하여도 받지 못함은 정욕으로 쓰려고 잘못 구하기 때문이라."** 이 구절은 주님의 말씀 중 "구하라 그리하면 너희에게 주실 것이요"(마 7:7)와 대조되는 말씀입니다. 우리가 하나님께 구했는데 응답되지 않는 경우가 있습니다. 간구한 내용은 여러 가지가 있을 것입니다. 어떤 이는 명예와 관계된 것으로, 높은 직책을 얻고 싶어 했을 것입니다. 어떤 이는 많은 물질을 얻고 싶어 했을 것입니다. 또 다른 이는 영적인 은사를 기대하면서 영안이 열리고 방언의 은사를 간구했는데, 1-2년을 기도했지만 응답받지 못하기도 합니다. 열심히 기도했는데도 하나님이 들어주시지 않는다면서 시험에 드는 사람도 있습니다. 물론 장기간 금식 기도를 여러 번 시도했을 수도 있습니다. 그러나 이 경우 자신의 정욕으로 사용하기 위해 구한 것은 아닌지 점검해야 합니다. 기도의 목적이 권세와 풍요함과 관능과 정욕적인 번영 속에 살기를 원하는 것이라면 이루어질 리가 없습니다(매튜 헨리). 성도가 영적으로 힘쓰며 주님과 깊은 사귐이 있게 해달라고 기도한다면 하나님은 그 기도를 응답하셔서 깊이 만나주실 것입니다. 또 물질을 놓고 기도하면서 하나님이 맡기신 자녀, 몸 된 교회, 하나님 나라의 확장을 위해 사용하겠다는 마음으로 구하면 기꺼이 주실 것입니다. 이렇게 구했는데도 받지 못한다면 자신의 기도에 어떤 문제점이 있는지 심도 있게 살펴보아야 합니다. 아마도 가장 큰 이유는 욕심일 것입니다. 정욕, 즉 강한 욕구는 만족함이 없는 것이 특징입니다(최영기).

초대교회 성도들이 살았던 시기는 예수님이 하늘로 승천하신 지 얼마 되지 않았던 때이고, 사도들도 활동한 시기였는데도 이렇게 불완전한 신앙을 소유하여 잘못 구하는 사람들이 있었습니다. 그렇다면 사도들이 활동하지 않는 시대는 성도가 더욱 하나님께 잘못을 저지를 수 있음을 늘 의식해야 합니다. 신앙생활을 오래 하고 귀한 직분도 받은 사람은 자신이 신앙생활을 잘한다고 생각할지 모릅니다. 그러나 실상 하나님이 보실 때에는 그가 잘못 구하고 있을 수 있습니다. 하나님께 명예, 능력, 재물, 은사 등 여러 가지를 구할 때 자신의 사적 이익을 위한 것은 아닌지 곰곰이 생각해보아야 합니다. 또한 하나님 앞에 충성할 때에도 자신의 정욕을 위한 것은 아닌지 따져보아야 합니다. 하나님의 사람은 충성할 때 순수한 마음과 자세로 해야 합니다. 그리고 성도는 기도뿐만 아니라 삶의 모든 영역에서 항상 하나님을 중심으로 해야 합니다. 그렇지 않으면 하나님은 그 성도를 높여주시지도 않고 재물, 은사 등 성도가 원하는 것을 이루어주시지 않습니다. 하나님 앞에서 순수하게 구할 때 하나님도 기쁨으로 응답해주십니다.

4절 **"간음한 여인들아 세상과 벗된 것이 하나님과 원수 됨을 알지 못하느냐 그런즉 누구든지 세상과 벗이 되고자 하는 자는 스스로 하나님과 원수 되는 것이니라."** "간음한 여인들아"는 시편 73편 27절을 연상하게 합니다. 야고보는 하나님 중심으로 생각하지 않고 세상 사람들이 하는 생각을 하고, 마귀가 좋아하는 마음을 동일하게 가진 사람들을 향해 쏘아붙입니다. "간음"은 남편이 있는데도 다른 남성을 좋아하는 것을 말합니다. 성도에게 신랑은 예수 그리스도이십니다. 그래서 예수님 중심으로 살아야 정상적인 신앙생활인데, 예수님이 아닌 세상을 좋아하고 탐닉하므로 간음했다고 책망하는 것입니다. 여기서는 실질적으로 간음했다는 뜻이 아니라 영적인 표현입니다.

"세상과 벗된 것"이라는 말은 세상에 빠져서 사는 것이고, 하나님 중심이 아니라 세상 중심으로 사고하는 것이며, 결국 하나님과 원수 되는 것을 뜻합니다. 앞의 3장 15절에서 "땅 위의 것이요 정욕의 것이요 귀신의 것이니"라고 한 것과 같은 내용이라고 볼 수 있습니다. 정욕적인 것은 마귀적인 것이고, 마귀적인 것은 세상적인 것입니다. 결국 세상을 좋아하므로 성도라도 하나님과 원수를 맺는 것입니다. 세상 것을 좋아하는 사람은 '지금부터 나는 하나님과 원수가 된다'는 각오를 해야 합니다. 하나님과 원수가 되는 것은 인생에서 가장 불행한 상황에 빠지는 것입니다. 하나님은 창조주이시고 구원자이시며 지금도 이 세상을 통치하시는 분인데, 그분과 원수가 되는 것은 자신을 멸망에 집어넣는 것과 같은 행동입니다. 결국 세상을 좋아하는 사람은 성도라도 하나님의 원수 취급을 받으므로 구원과 거리가 멀어집니다. 그래서 "알지 못하느냐"라고 야고보가 호통을 쳤는데 그는 역시 우레의 아들입니다(막 3:17). 야고보에게는 그들이 하나님과 원수 된다는 것을 알지 못하고 행동하는 것으로 보였습니다. 우리는 하나님과 세상을 둘 다 포용할 수 없습니다(렌스키).

마귀를 대적하라

5절 **"너희는 하나님이 우리 속에 거하게 하신 성령이 시기하기까지 사모한다 하신 말씀을 헛된 줄로 생각하느냐."** 이것은 성령이 사람 속에 거하신다는 말씀입니다. 바울은 고린도전서 6장 19절에서 "너희 몸은 너희가 하나님께로부터 받은 바 너희 가운데 계신 성령의 전인 줄을 알지 못하느냐"고 했습니다. 성도의 몸은 성령이 거하시는 전입니다. 그런데 성도 속에 계신 성령이 시기하신다고 말하는 것입니다. 시기는 성격이 고약하거나 질투가 많은 사람이 하는 것으로 생각할 수 있습니다. 그래서 "성령이 (설마) 시기하시겠느냐"고 해석하기도 합니다. 성령이 시기하실 리가 없다고 생각하는 것입니다. 그러나 이 구절에서 성령이 시기하신다고 한 것은 그대로 받아들여도 무방합니다. 성도의 마음에 자리 잡고 계신 성부 하나님과 성령은 하나입니다. 성령은 성도들이 세상에 관심이 많고 세상적인 모습으로 살아가는 것을 볼 때 시기하시고, 성도들이 죄를 지어 악한 영을 불러들일 때 그 악한 영이 성도의 가슴에 침입하므로 시기하십니다. 성도는 좋지 않은 생각을 하면 단순히 그 생각을 한 것으로 끝나는 것이 아니라 좋지 않은 생각을 한 만큼 어둠의 세력이 그 몸으로 침입하고, 또 속사람에게 악영향을 끼친다는 것을 인식하고 심각하게 받아들여야 합니다. 나쁜 생각이든 마음이든 행동이든 그런 것을 행할 때마다 악한 영이 침입합니다.

성령은 성도의 마음에 머물러 계시면서 믿음이 점점 확대되도록 하십니다. 성경에 "마음 밭"이 나오는데, 마음 밭은 마음의 그릇도 됩니다. 성령이 마음 밭에 계시면서 농사를 짓듯 믿음의 씨앗을 심으시고, 이 믿음의 씨앗에 물을 주시며 잘 관리하셔서 그 믿음이 장성한 분량에 이르도록 일하십니다. 그런데 성도가 죄를 지을 때마다 마음 밭에 가라지가 심기는데 악한 영도 같이 심깁니다. 성령이 그 마음 밭에 악한 영이 들어오지 못하도록 금지명령을 내리고 싶으셔도 그것이 불가능한 것은 악한 영이 복종하지 않기 때문입니다. 죄가 그 근거가 됩니다. 사람이 죄를 지으면 악한 영들이 허가받은 도둑처럼 합법적으로 그 마음에 살금살금 기어 들어옵니다. 이것이 영적 원리입니다.

가룟 유다에게 마귀가 역사했을 때 주님은 가룟 유다에게 역사한 마귀의 행동을 막지 않으셨고, 결국 가룟 유다는 주님을 배반했습니다. 또 사도 바울도 성도들이 자신을 떠나고 믿음을 버렸다는 말을 사용했습니다(딤후 4:16). 성도들이 영적 침체를 겪고, 믿음을 상실하며, 배교하는 등의 일을 하는 것을 하나님도, 사도들도 막지 못합니다. 그것은 성도가 죄를 짓는 만큼 악한 영이 쳐들어와 그 마음을 장악하고 믿음의 싹을 갉아먹기 때문입니다. 그래서 성도라도 믿음이 잘 성장하지 못하고 도중에 실족하거나 타락하는 참담한 일이 벌어지는 것입니다. 이렇게 어두운 상황이 되면 빛이신 성령은 우리 속에 거하실 수 없습니다. 데살로니가전서 5장 19절은 "성령을 소멸하지 말며"라고 말씀합니다. 성도가 범죄하여 악한 영이 마음을 장악하게 되면 성령이 점차 그 속에서 떠나시게 됩니다. 이때 '소멸된다'라는 표현을 사용하는 것입니다. 우리 주변에는 영적 침체를 겪는 사람들이 많습니다. 성령은 성도들의 마음에서 이런 참상이 일어나기 때문에 시기하시는 것입니다. 보통, 시기라는 것은 다른 사람이 잘되었을 때 배가 아픈 것을 말하는데, 이 구절에서는 하나님의 사람들이 악을 행함으로 마귀가 잘되는 것을 성령이 시기하시는 것입니다. 마귀는 성도의 믿음이 성장하는 것을 적극 방해합니다.

하나님은 우리 아버지시고 예수님은 우리 신랑이시기 때문에 성도와 친밀함을 나누기를 원하십니다. 그러나 성도가 하나님이 아닌 다른 것을 마음에 불러들였으니 성령이 시기하실 수밖에 없습니다. 자녀가 부모하고는 대화도 잘 나누지 않으면서, 아무 상관도 없는 사람과는 계속 대화를 나누고 친밀해진다면 그 부모에게 시기가 생기듯이, 하나님도 시기하시게 됩니다. 또 하나님뿐만 아니라 예수님도 시기하시게 됩니다. 왜냐하면 예수님은 성도의 신랑으로서 신부 된 성도의 마음에 주님의 집, 즉 성전을 짓고 계시는데, 신부인 성도는 계속 악한 영을 불러들이기 때문입니다. 신부가 외간 남자들을 집 안에 불러들이면 신랑은 시기할 수밖에 없습니다. 성도는 하나님과 예수 그리스도를 마음 한가운데에 모셔야 하는데, 세상의 것들을 성도의 마음과 머릿속에 잔뜩 끌어들여서 온갖 더러운 것, 오염된 것으로 가득 채우고 있으니 성령이 시기하실 수밖에 없다고 말하는 것입니다.

6절 "그러나 더욱 큰 은혜를 주시나니 그러므로 일렀으되 하나님이 교만한 자를 물리치시고 겸손한 자에게 은혜를 주신다 하였느니라." 야고보는 현재 초대교회 성도 중에 교만한 사람들이 있다고 말하는 것입니다. 4장 앞부분에서 초대교회 성도들이 서로 다투고 싸우며 기도도 하지 않는다고 했는데, 그것은 성도들이 교만하다는 확실한 증거입니다.

싸움이 일어나는 가장 큰 이유는 자신이 남보다 뛰어나다고 생각하는 교만 때문입니다. 교만은 자신의 부족함을 모르고, 스스로 독립을 고집하며, 자기 죄를 인정하지 않게 합니다(바클레이). 싸움은 더 나아가 자기 생각이 항상 정의롭고 상대방은 불의하다고 생각할 때 많이 일어납니다. 그런데 여기에서는 세상에서 싸우는 것을 말하는 것이 아니라 교회 안에서 싸우는 것을 말합니다. 성도들 사이에 일종의 내란이 일어난 것입니다. 그런 행동을 하면서도 하나님을 의식하지 않고, 자신이 정의로우며 진리대로 살아가고 있다고 으스대고 있는 것입니다. 교만한 사람은 다른 사람을 함부로 판단하고 비판하며 자기를 높입니다. 세상의 재판관은 높은 법 지식과 인품으로 무장합니다. 이처럼 성도가 다른 사람을 판단하려면 영성, 지성, 인품, 살아온 과정 그리고 진실한 사랑이 갖추어져야 합니다. 그런데 그런 믿음의 사람은 다른 성도나 교회를 판단하는 데 조심합니다.

하나님은 하나님 행세를 하는 교만한 자를 물리치신다고 말씀하십니다. 물리친다는 것은 가까이하지 않고 내친다는 뜻입니다. 하나님이 교만한 자와는 상대하시지 않겠다고 선언하시는 것입니다. 그런 사람은 하나님의 정의의 팔에 얻어맞을 수밖에 없습니다(시미에의 발레리아누스). 그렇기에 교만한 사람은 하나님께 기도드릴 때 집중하는 것이 불가능하고, 당연히 하나님과 영적 교제도 하지 못하여 어느새 깊은 수렁에 빠져버립니다. 성도가 믿고 의지하는 분은 하나님이시고 장차 성도가 갈 곳은 천국인데, 교만한 사람은 천국의 주인이신 주님이 입장을 불허하시는 요주의 인물로 취급받습니다. 그래서 교만한 사람은 망조가 든 사람입니다. 교만한 사람은 내일이든, 1년 후든, 5년 후든 언젠가는 쪽박을 차게 됩니다. 교만은 패망의 선봉입니다(잠 16:18).

"은혜"는 헬라어로 '카리스'(χάρις)입니다. '카리스'는 강력한 능력, 권세라는 의미가 있습니다. 하나님께 큰 은혜를 받는 사람은 이방 사람과 분명히 다른 면이 있습니다. 안토니우스의 영혼은 깨끗했습니다. 슬픔으로 억눌리지도, 쾌락으로 느슨해지지도, 기쁨이나 낙담으로 동요되지도 않았습니다(아타나시우스). 하나님의 성품 중 하나인 이 귀한 능력과 권세를 "겸손한 자"에게 주신다고 하셨습니다. 겸손은 하나님과 친해지는 통로입니다. 겸손은 하나님의 은혜와 사랑이 지속적으로 내려오는 길을 열어줍니다(보나벤투라). 주님도 연약한 인간의 모습을 보여주시기까지 낮아지셨습니다. 만약 성도에게 나타나는 표징이 없거나 하나님께 별반 능력을 받지 못했다는 종합적인 평가가 나온다면, 그는 자신이 교만한 자는 아닌지 살펴보아야 합니다. 만일 하나님께 다양한 영적 은혜를 받았다면 그것은 하나님이 겸손한 자라고 인정해주신 증거입니다. 겸손이 있을 때 우리는 최고의 상태가 될 것입니다. 그런데 만일 겸손이 결핍되어 있다면 우리는 여전히 지금 상태로 남을 것이며, 수만 가지 고난과 괴로움을 겪을 것입니다(아빌라의 테레사).

7절 **"그런즉 너희는 하나님께 복종할지어다."** 성도는 날마다 겸손한 마음으로 하나님 앞에 무릎을 꿇고 엎드려야 하고, 또한 하나님이 말씀하시는 것을 귀담아들어야 합니다. 또한 부모의 교훈을 잘 따르고, 교회에서는 목회자의 지도에 순종해야 합니다. 성경 말씀을 듣는 것으로 성도로서 할 일을 다 했다고 만족할 것이 아니라, 들은 대로 실천해야 합니다. 은혜의 자리에서 떨어질 때도 있겠지만, 다시 일어나 자신의 달려갈 길을 가야 합니다. 하나님이 말씀하시는 목표를 향해 열심히 경주하는 것이 하나님께 복종하는 것입니다. 하나님께 복종하지 않으면 하나님이 어떻게 진노하실지 모릅니다. 그래서 하나님의 사람은 주님의 말씀에 순종하고 충성하며, 주님의 말씀을 듣기 위해 날마다 엎드려 기도하고, 하나님의 뜻을 여쭙고 하나님께 복종하는 삶을 살아야 합니다.

"마귀를 대적하라 그리하면 너희를 피하리라." 사탄은 하나님의 자리를 찬탈하는 자입니다. 즉, 왕의 자리를 노리는 자입니다(리처드 마우). 그래서 야고보 사도는 "마귀를 대적하라"고 강한 어조로 외칩니다. 베드로도 "믿음을 굳건하게 하여 그를 대적하라"(벧전 5:9)고 했습니다. 성도는 이것을 가장 비중 있게 생각하고 과감하게 영적 전쟁을 벌여야 합니다. 영적 전쟁의 출발선상에 있다면 그는 영적으로 귀한 신분을 가진 자입니다. "죄를 짓는 자는 마귀에게 속하나니"(요일 3:8)라고 했습니다. 마귀가 작은 죄를 통해 몰래 잠입하여 역사하는 것을 허용한 성도가 너무 많습니다. 그런 성도는 마귀에게 조종당하여 공동체 안에 여러 물의를 일으킵니다. 그런 사람은 마귀가 파견한 무장공비와 같습니다. 공동체를 파괴하는 것은 마귀의 소행으로밖에는 볼 수 없습니다. 오늘날 교회 공동체가 소홀히 여기는 분야가 있다면 바로 마귀의 활동에 대한 것입니다. 마귀를 대적하는 길은 첫째로 죄를 범하지 않는 것이고, 둘째로는 지은 죄를 회개하는 것입니다. 성도가 자기 몸에서 이미 자리 잡고 있는 악한 영에게 떠날 것을 명령한다고 해서 쉽게 물러나지 않습니다. 성도는 날마다 자기 속에 있는 죄를 회개함으로 씻어내야 합니다. 그러면 마귀가 깨끗해진 영혼에 들락거리거나 쉽게 공략하지 못합니다. 또한 성령의 은사를 받아서 마귀의 역사를 능력으로 물리치는 것입니다. 그러려면 성경에서 약속한 영적 능력이 필요합니다. "오직 주 예수 그리스도로 옷 입[어야]"(롬 13:14) 합니다. 성령의 은사는 마귀와 영적 전투를 벌이는 데 결정적인 무기가 됩니다. 전신갑주를 취하는 것이 마귀를 대적하는 지름길입니다. 또한 우리는 영을 분별하는 은사를 받기 위해 기도해야 합니다. 성경 말씀대로 모든 영을 믿지 않기 위해서입니다(요일 4:1). 또한 우리 몸과 환경에서 쫓아내기 위해서도 필요합니다.

일반적으로는 마귀를 대적하면 마귀가 죽을 것이라고 생각합니다. 그러나 "마귀를 대적하라 그리하면 피하리라"라는 말씀을 보면, 마귀는 성도에게서 임시로 피하는 것입니다(렌스키). 예수님을 시험했던 마귀도 예수님이 "사탄아 물러가라"(마 4:10)고 하시자 그분을 떠납니다. 그러나 마귀는 주님의 주변을 맴돕니다. 이처럼 성도가 세상에 빠져 살거나 악한 행동을 하면 악한 영이 다시 성도를 공격하여 어두운 영향을 끼치거나 죄를 지은 것만큼 몸에 들어옵니다. 마귀는 죽지 않으며 영원히 사라지지도 않습니다. 마귀는 세상의 종말이 올 때까지 이 세상에서 완전히 소멸되지 않을 것입니다. 새 하늘과 새 땅이 이루어질 때 비로소 무저갱에 던져질 것입니다(계 20:3).

마귀는 하나님의 사람들이 언제 범죄할지 항상 주변에서 대기하고 있습니다. 수단과 방법을 가리지 않고 성도를 무너뜨리려고 발악합니다. 꼭 공산당 같은 무자비한 전술입니다. 성도는 마귀에게 공격받는 표적이 되지 않도록 경계하고 긴장해야 합니다. 그렇지 않고 죄를 짓고 회개하지 않으면 마귀의 먹잇감이 되어 곤욕을 치릅니다. 성령의 능력을 받아 마귀와 싸워 승리하는 성도가 되어야 합니다. 우리 속에 머무르는 악령의 잔당을 완전히 소탕하려는 의지를 드높여야 합니다.

성도는 원수인 마귀에 대해 더 많은 지식을 얻는 데 힘써야 합니다. 영적 전쟁에서 승리하려면 우리 자신을 알고 상대를 알아야 합니다. 지피지기는 백전백승입니다. 바울도 "마귀의 간계를 능히 대적하기 위하여 하나님의 전신 갑주를 입으라"(엡 6:11)고 했습니다. 영적으로 중무장하고 적과 싸우지 않으면 승리할 수 없습니다. 그리스도 밖에 있는 영혼은 벌거벗은 상태입니다. 따라서 죄와 사탄을 대적하여 자신을 방어할 모든 갑주가 완전히 초라한 상태인 것입니다(윌리엄 거널). 성도 중에는 마귀의 총공세에 밀려 영적으로나 환경적으로 큰 혼란에 빠진 사람이 있습니다. 어떤 이는 마귀의 공격이 약해졌지만, 맞서 싸우는 성도의 능력도 엇비슷해서 치열하게 공방을 벌이거나 소강상태에 있기도 합니다. 어떤 이는 마귀의 세력이 패하여 후퇴를 거듭하는 바람직한 상태에 있기도 합니다. 제일 좋은 모습은 성령을 힘입어 압도적으로 우위를 차지하여 마귀의 공격을 물리치고, 이제는 잔당까지 소탕하는 단계에 들어서는 것입니다. 히브리서 12장 4절에서 "너희가 죄와 싸우되 아직 피 흘리기까지는 대항하지 아니하고"라고 하신 말씀을 귀담아들어야 합니다. 싸워서 이겼을 때에야 우리 영혼과 몸을 지킬 수 있습니다. 우리 인간은 기본적으로 물질적인 면과 영적인 면을 가진 복합체입니다(보나벤투라). 그러므로 하나님을 의지하여 마귀와 싸워 이겨서 영과 육이 강건해져야 합니다. 성도가 회심하여 정신을 차리게 된다면 마귀의 올무에서 벗어날 수 있지만, 계속해서 죄 가운데 살아간다면 성도는 마귀에게 사로잡혀 마귀가 시키는 대로 할 수밖에 없습니다(조셉 얼라인).

정욕을 치료하라

8절 "하나님을 가까이하라 그리하면 너희를 가까이하시리라." 성도가 신앙생활을 하는 동안 가장 힘써야 할 것은 하나님을 가까이하는 것입니다. 성도에게 가장 큰 축복은 하나님을 온전히 바라보는 것입니다(보나벤투라). 우리의 마음과 시간를 비롯해 모든 것을 다 드려서라도 하나님과 친밀해져야 합니다. 성도는 이차적으로 다른 성도들과 가까이 지낼 수 있습니다. 서로 교통하면서 즐겁게 지내는 것입니다. 교회에는 다른 성도들과 함께 교회 활동을 하면서 즐거움에 흠뻑 빠진 사람도 많습니다. 조기 축구 같은 스포츠 활동이나 그 외의 취미 활동을 함께 하는 것입니다. 그러나 교제의 대상이 성도라고 해도 지나치게 가까이하는 것은 주의할 필요가 있습니다. 왜냐하면 성도에게 최우선순위는 하나님을 가까이하는 것인데, 사람이나 세상 등 다른 것에 매료되어 마음을 빼앗기면 하나님을 가까이하는 것을 놓칠 수 있기 때문입니다.

특별히 가르치는 위치에 있는 사람은 하나님을 더 가까이해야 합니다. 늘 거룩한 마음 자세로 하나님께 나아가 기도드리고, 하나님 면전에 머무르는 시간을 많이 가져야 합니다. 왜냐하면 하나님에 관해 전하고 가르치려면 그분의 마음과 뜻을 잘 알아야 하는데, 그것은 그분과 깊이 교제할 때만 얻을 수 있는 고급 지식이기 때문입니다. 그리스도와 연합한다는 것은 중생하여 칭의와 성화로 이어지는 그리스도인의 삶으로 나아가는 것을 의미합니다(오웬). 우리가 하나님을 면전에서 섬길 때 그분은 기뻐하시며 우리에게 큰 은혜를 주십니다. 그리고 하나님이 주시는 은혜를 충만히 받아야 성도를 지도할 수 있습니다. 성도를 섬기는 목회는 지식이나 목회자 자신의 노력으로 이루어지는 것이 아니라 하나님의 은혜로 성취되는 것입니다.

열심히 최선을 다해 목회하셨던 선배 목사님들은 목회란 무릎으로 하는 것이라고 늘 말씀하셨습니다. 그분들이 오랜 세월 경험하여 얻은 교훈이었습니다. 이 말에는 기도를 많이 해야 한다는 의미가 있습니다. 영혼의 힘은 계속해서 기도할 때 채워집니다(필록 세누스). 그리고 기도는 무엇보다 회개가 우선입니다. 그래서 회개하지 않는 사람은 기도의 줄이 잘 잡히지 않고, 기도한다고 해도 은혜가 내려오지 않을 확률이 높습니다. 그래서 기도의 자리에서 점점 멀어지고, 영적인 것에 대한 관심이 사라집니다. 은혜는 결국 하나님과 영적으로 깊이 교제할 때 내려오는 것이기 때문입니다. 그러므로 야고보도 "하나님을 가까이하라"고 말합니다. 하나님과 가까이하지 않는 사람에게 하나님이 은혜를 내려주실 확률은 거의 없습니다. 하나님을 가까이할 때 마귀는 우리를 피할 것입니다(렌스키).

성도가 하나님을 가까이한다고 할 때 사람마다 그 수준이 다릅니다. 예를 들어, 어떤 사람은 하나님과 5킬로미터 떨어져 있는 사람이 있고, 1킬로미터 떨어져 있는 사람이 있습니다. 어떤 사람은 100미터 떨어진 사람, 1미터 떨어진 사람이 있고, 또 어떤 사람은 하나님과 같은 식탁에서 차를 마시고 음식을 같이 나누는 것처럼 그분과 친밀한 사람도 있습니다. 그리고 예수 그리스도가 성도의 신랑이시니 신랑과 신부가 서로 한 집에 거주하면서 사랑하고 시간을 보내는 것처럼, 주님과 아주 밀접한 관계에 있는 성도도 얼마든지 있습니다. 그런 사람만이 깊은 영적 신비를 느낄 수 있습니다. 하나님께 가까이 나아갈수록 신비를 경험하고, 그분과 멀리 있는 사람일수록 신비와 멀어집니다. 예수 그리스도와 성령을 통해 죄 용서받고 칭의를 얻으며, 하나님과 화해의 관계 안에서 날마다 그분 뜻에 순종하는 사람만이 하나님의 신비한 예정을 인정하고 받아들일 수 있습니다(장 칼뱅). 기독교는 조금만 깊이 들어가 보면 그 속에 신비가 끝도 없이 열려 있습니다. 성경을 한 구절 한 구절 기도하면서 보면, 그 내용이 다 신비롭습니다. 글자를 읽으면서 하나님의 마음과 뜻을 우리 마음이 느낍니다. 그래서 성경은 머리로 아는 것이 아니라 가슴으로 아는 것이고, 다른 말로는 속사람인 우리 영혼이 아는 것입니다.

이 구절에서 야고보는 성도가 먼저 '하나님을 가까이해야' 그분이 그를 가까이하신다고 말합니다. 성도가 먼저 하나님께 나아가야 합니다. 인간은 자기의 무지를 깨달을 때에야 하나님의 인도하심을 구할 수 있습니다(바클레이). 자신의 어리석음을 인정한다면 하나님이 그 모습을 보시고 각별한 은혜를 내려주셔서 성도가 더 열심히 하나님께 나아갈 수 있게 해주십니다. 그리고 더 나아가 하나님과 밀접한 관계를 맺게 됩니다. 하나님을 가까이하는 것만이 하나님의 사랑을 받는 길이고, 구원으로 가는 길이며, 마귀와 싸워 이길 수 있는 지혜와 능력을 받는 길입니다. 그런데 출발은 우리 자신이 먼저 해야 합니다. 물론 내부적으로는 하나님이 은혜를 주셔야 하나님께 나아갈 힘이 있습니다. 믿음이 좋다고 인정받는 사람은 하나님의 존전에 나아가 머무르는 사람입니다.

"죄인들아 손을 깨끗이 하라." 야고보는 "죄인들"이라고 부르는데 이는 초대교회 성도들을 가리킵니다. 그는 초대교회 성도들의 손이 더럽기 때문에 깨끗해져야 한다고 말하는데, 이것은 그들이 죄를 많이 범했다는 뜻입니다. 각 사람이 공로에 따라 각기 다른 축복과 다른 상급을 받겠지만, 모든 악하고 더러운 생각에서 정결케 된 사람들만 들림을 받아 그 위대한 곳에 이르고, 그것을 볼 수 있습니다(익명, 『단계의 책』). 성도들이 서로 만나면 시기하고 싸우고, 불의한 이익을 챙기거나 그 밖의 많은 죄를 범했기 때문에 야고보가 이렇게 강력하게 권고하는 것입니다.

"두 마음을 품은 자들아 마음을 성결하게 하라." "두 마음"이라는 것은 마음이 한쪽은 하나님께 있고 다른 한쪽은 세상이나 마귀에게 있다는 것입니다. 예를 들어, 교회 일을 열심히 하고 열정적으로 신앙생활을 하는 것 같지만, 실상은 세상을 좋아하는 사람이 있는 것입니다. 또 주님의 뜻대로 살겠다고 하지만, 자세히 살펴보면 세상의 방법으로 살아가는 사람이 있는 것입니다. 더 심한 경우는, 교회에 출석하면서도 이방 신전에 드나들고, 무당에게 가서 점을 치기도 합니다. 이런 사람이 두 마음을 품은 사람입니다. 이들은 하나님께 속한 사람인지 마귀에게 속한 사람인지 분간하기 어렵게 양다리를 걸친 것입니다. 교회 안에 이런 사람이 있다는 사실에 우리는 긴장해야 합니다. 이 더러워진 마음을 깨끗이 하지 않는다면 어두운 나락으로 떨어집니다. 하나님은 더러운 마음에 머무시지 않습니다. 죄의 종이 된 자는 하나님께 순종하지 않습니다(매튜 헨리).

"손을 깨끗이 하[고]", "마음을 성결하게 하[려면]" 세상적인 생각과 방법을 다 내려놓아야 합니다. 세상적인 것은 정욕적이며 마귀적인 것이기 때문입니다. 마귀의 유혹을 이기고 마귀가 역사하는 통로를 모두 끊어야 합니다. 마귀가 이끄는 대로 끌려가지 않는 최선의 방법은 손을 깨끗이 하는 것입니다. 죄를 짓게 하는 것은 마귀의 일입니다. 마귀를 대적하여 격퇴하려면 손이 깨끗해야 합니다(벵겔). 죄는 육신의 정욕, 안목의 정욕, 이생의 자랑에서 비롯됩니다(요일 2:16). 보나벤투라는 그것이 교만, 시기, 혈기, 게으름, 탐욕, 정욕이라는 여섯 가지 죄를 낳는다고 했습니다. 자기의 허물과 잘못을 회개함으로 날마다 씻어내야 합니다. 그렇지 않고 계속 두 마음을 품으면 주님께 책망을 듣게 되고, 결국 버림받게 될 것입니다. 두 마음을 품은 사람이 교회 안에 다수를 차지하면 그 교회는 영적 능력을 상실합니다. 그런 공동체에 소망이 있을 리가 없습니다. 두 마음을 품은 사람은 하루속히 회개해서 성결한 성도가 되어야 합니다. 기도가 하나님께 열납되려면 마음이 순결해야 합니다(아프라하트).

9절 **"슬퍼하며 애통하며 울지어다."** 기독교는 기뻐하고 즐거워하는 종교입니다. 그런데 이 구절에서는 정반대로 "슬퍼하며 애통하며 울지어다"라고 말합니다. 왜냐하면 성도가 죄를 범하여 현재 신앙생활이 불완전하기 때문입니다. 앞에서 살펴보았듯이 초대교회 안에는 시기와 다툼과 세속적인 것이 독버섯처럼 자라고 있었습니다. 기대치에 너무나 미달하는 초라한 성도와 교회의 모습입니다. 야고보는 이렇게 불의한 모든 것을 과감하게 정리하라고 권고하는 것입니다. 그렇게 하려면 자신의 죄를 깨닫고 슬퍼하며 하나님 앞에 애통하고 회개하는 단호한 행동을 취해야 합니다. 이것은 복을 받기 위한 괴로움입니다.

회개는 성경의 말씀처럼 슬퍼하고 애통하며 우는 과정이 반드시 필요합니다. 오늘날 기독교가 보강해야 할 부분이 있다면 회개의 정의를 바로 세우는 것입니다. 회개는 구원 얻을 만한 회개가 있어야 합니다. 평생에 걸쳐 값진 회개를 수반하지 않는 기도는 진정한 회개가 아닙니다(보나벤투라). 진심으로 회개하지 않고 의롭다 하심을 얻는 '칭의'는 없습니다. 또한 성도가 거룩한 생활을 하려면 이미 지은 죄를 하나하나 철저히 회개하는 길로 나아가야 합니다. 그렇게 하여 천국에 가기까지 성화를 이루어야 합니다. 그런데 처음 주님을 믿을 때 회개를 너무 단순하게 생각해 몇 분 혹은 몇 시간 회개하면 구원을 얻고, 자기가 회개할 모든 분량을 다했다고 생각하는 사람이 너무 많습니다. 이 생각에서 벗어나지 못하면 신앙생활을 하는 동안 회개에 거의 의미를 두지 않게 됩니다.

1960-1970년대 한국교회는 회개에 많은 힘을 쏟았습니다. 그래서 성도들이 매일 회개하며 울었습니다. 그 시대에는 과거에 제사를 많이 지냈거나 무당을 찾아다닌 사람들이 교회에 많았습니다. 그래서 교회에 나온 후 매우 오랜 시간 동안 우상을 숭배하고 이방 신 섬긴 것 등의 죄를 많이 회개했습니다. 그 회개의 시대를 거치고 그 부모들에게서 태어난 사람들은 기독교 신앙 안에서 성장했기에 더는 심각하게 회개하지 않게 되었습니다. 그런데 이런 분위기가 교회에 형성된 이후, 과거 이방 신을 섬겼던 사람들이 새로 교회에 들어오면서 우상숭배를 비롯한 여러 죄에 대해 회개를 소홀히 한다는 느낌이 듭니다. 왜냐하면 교

회가 회개에 힘을 쏟지 않기 때문입니다. 그래서 요즘에는 2-3대째 신앙의 가정에서 자란 사람이나 초신자나 할 것 없이 성도 대부분이 회개에 힘쓰지도 않고 울지도 않습니다. 왜냐하면 부모님이 다 회개했다고 생각하기 때문입니다. 물론 어느 면에서는 합당한 이유이기도 합니다. 3-5대째 믿음의 사람들은 우상숭배나 그 외의 죄를 지었을 가능성이 높지 않기 때문입니다. 그러나 초신자나 믿음의 첫 세대인 사람들은 과거에 범한 죄를 회개함으로 청산해야 합니다. 1960-1970년대처럼 많이 울고 몸부림치는 과정이 필요한데, 많은 새 신자가 그런 과정을 생략하고 있습니다. 또한 교회에서는 초신자가 교회에 나오자마자 "그가 구원받았고, 지금까지 지은 모든 죄를 용서받았으며, 미래에 지을 죄까지도 다 용서받아 이제 하늘 백성이 되었다"고 선언합니다. 그러니 슬피 울며 회개하는 일에 전념하지 않습니다. 그러나 오늘 본문처럼 성경은 믿음이 좋을 수밖에 없는 초대 교회 성도들에게도 "슬퍼하며 애통하며 울지어다"라고 권고하고 있음을 오늘날 우리는 심각하게 받아들여야 합니다.

야고보는 두 마음을 품은 성도의 마음에 마귀가 들어와 있고 세상적인 것이 자리 잡고 있으므로, 이 문제를 해결하려면 몸부림치며 회개해야 한다고 말합니다. 죄를 씻는 과정은 슬피 울고 애통하며 가슴을 치고 몸부림을 치면서, 또 머리를 땅에 박으면서까지 깊이 회개하는 것입니다. 옷을 세탁하려면 세탁기에 돌리든 방망이로 두드리든 과정이 필요합니다. 우리 속에 들어온 악한 영은 절대 호락호락하지 않습니다. 몇 번 기도했다고 악한 영이 바로 떠나지 않습니다. 영적 세계는 성도의 얄

팍한 신학이나 막연한 희망으로 움직이지 않습니다. 마귀에게 잡혀 있고 마귀가 시키는 대로 지금까지 해왔으면서 몇 번 기도해서 해결된다고 생각하는 것은 영적 무지에서 비롯된 허황한 확신입니다. 우상숭배이든 일반적인 죄든 몸부림치는 깊은 회개가 필요합니다. 우리가 진정으로 회개할 때 애통과 근심 속으로 들어가게 됩니다(렌스키).

"너희 웃음을 애통으로, 너희 즐거움을 근심으로 바꿀지어다." 죄를 통해 악한 영이 몸에 들어와 한 구석을 차지하여 두 마음을 품게 되었기에 하나님과의 관계도 악화되고 영적으로 쇠퇴의 길로 접어들었다면 웃을 때가 아닙니다. 죄가 다 씻기고, 악한 영들에게서 자유롭게 되며, 거룩하신 주님과 친밀한 관계를 맺어 은혜가 회복되어야 비로소 진정으로 웃을 때를 맞이하게 됩니다. 신랑 되신 예수 그리스도와 진실한 사랑의 교제를 나눌 때 웃음이 솟아나는 것이 당연합니다. 자연스럽게 매사에 즐거움이 넘칩니다. 이런 은혜로운 생활을 원한다면 성도는 자신의 영적 상태를 점검해야 합니다. 자신이 지금 영적으로 어떤 단계에 도달했는지, 울어야 하는 때인지, 웃어야 하는 때인지 정확히 분별해야 합니다. 현재 자신의 영적 상태가 온전하지 않은 사람은 슬퍼하고 애통하며 근심하면서 깊이 회개해야 합니다.

10절 "주 앞에서 낮추라 그리하면 주께서 너희를 높이시리라." 주 앞에서 낮추는 길은 바로 앞에서 살펴본 애통하는 길입니다. 주님 앞에서 자기의 죄를 드러내고 자신이 죄인임을 고백하는 것입니다. 이것이 낮아지는 첫걸음입니다. 교만한 사람은 그동안 다른 사람을 무시하고 판단하며 시도 때도 없이 자기주장만 내세웠을 것이 뻔합니다. 또한 영적으로 불학무식하면서도 아는 체를 했을 것입니다. 그런 사람일수록 땅바닥에 납작 엎드리는 자세가 필요합니다. 자신이 죄인임을 깨달은 사람은 주님 앞에 가까이 나아갈 때 너무나 부끄러워서 고개를 들 수가 없습니다. 깨끗하고 거룩하신 주님 앞에 가까이 나아가면 갈수록 자신이 얼마나 더럽고 추한 죄인인지를 더 확실히 깨닫기 때문입니다. 그래서 저절로 자신을 낮추게 됩니다. 자신의 죄를 보면서 주님의 은혜가 아니면 구원받을 수 없는, 정말 죽을 수밖에 없는 죄인인 것을 발견하기 때문입니다. 주님이 자신을 가장 엄한 벌로 처단하신다고 해도 아무런 할 말이 없습니다. 주님이 관대하게 처분해주시기를 몸을 조아리고 기다릴 수밖에 없습니다. 진정한 회개는 자신의 죄를 슬퍼하고 부끄러워하며 죄책을 느끼고 두려워하는 것입니다(보나벤투라). 그러므로 주님 앞에 머리를 숙이고 허리를 굽히며 무릎을 땅에 대고 엎드려야 합니다. 자신이 쓰레기처럼 너무나 무가치한 존재이고 주님이 자신을 사용하지 않으셔도 당연하게 받아들이게 됩니다. 그럴 때 자신의 생각, 계획, 뜻, 자아 등 모든 것을 내려놓고 주님의 뜻에 맡기는 겸손한 모습으로 변화됩니다.

주님은 이렇게 겸손해졌을 때 우리를 찾아오십니다. 그리고 우리 손을 잡아주시고, 일으켜 세워주십니다. 그리고 주님이 이제는 되었다고 말씀하시면서 위로하시고 다시 높여주십니다. 성도가 어느 면에서든지 높아지는 것은 감사한 일입니다. 주님이 높여주시면 우리가 스스로 높아지려고 했을 때와 비교조차 할 수 없게 높아질 수 있습니다. 주님은 스스로 높아지려고 하는 사람은 그 마음과 행동만큼 낮추시고, 낮아지려고 하는 사람은 그 행실만큼 높여주십니다. 이런 영적 원리를 모르면 평생 예수님을 믿어도, 여러 사역을 해도 제대로 열매를 맺지 못하고 예수 그리스도를 믿을 때 느끼는 단맛을 조금도 체감하지 못하는 사람이 됩니다. 결국 하나님의 은혜를 받지 못한 채 이냥저냥 인생을 살다가 종말을 맞이할 뿐입니다.

교회사를 보면 어떤 목회자는 하나님을 깊이 만나고 회개하려고 주변 사람들에게 자기가 죽었다고 부고를 보낸 다음, 모든 연락을 끊고 기도에 매진했습니다. 그래서 사람들은 다 그가 죽은 줄 알았습니다. 그는 오랜 세월, 매일 교회에서 회개하고 기도하며 주님만 바라보았습니다. 그 후 진리를 깊이 깨달은 목회자가 되어 영성 있는 가르침을 베풀었습니다. 교회 지도자는 이렇게 겸손한 자세로 넙죽 엎드려야 비로소 주님이 은혜를 주시고 높여주십니다. 모든 사람이 공격하고 조롱하고 버릴지라도 개의치 않고 오직 주님만 바라보아야 합니다.

주님 앞에 엎드리지 않고 스스로 높아지려고 고개를 들면 언젠가는 주님의 진노의 칼이 날아옵니다. 스스로 높아지려고 아등바등하는 모습은 주변 사람이 보기에도 추합니다. 그런 무모하고 철부지 같은 행동을 모든 사람이 다 보고 있음을 알아야 합니다. 나중에 보면, 그런 사람은 자신이 원하는 위치에 오르지도 못하고 주님의 책망까지 받는 대상이 됩니다. 성도는 모든 면에서 높아지는 것이 좋습니다. 그러나 자기 힘으로, 자기 스스로 높아지려고 하지 말고 오히려 낮추면서 준비하여 주님이 정하신 때를 기다려야 합니다.

성도를 비방하지 말라

11절 "형제들아 서로 비방하지 말라 형제를 비방하는 자나 형제를 판단하는 자는 곧 율법을 비방하고 율법을 판단하는 것이라." 1-2절에서 다루었던 문제들이 다시 등장합니다. 초대교회에서 지도자들이 서로 비방하는 일이 있었는데, 야고보는 비방하지 말라고 합니다. 다른 사람을 비방할 권한은 누구에게도 없습니다. 비방하는 행동이 단순히 성격이나 인격이 부족하기 때문이라고 치부할 일이 아닙니다. 이것은 두말할 나위 없이 교만의 영에게 영향을 받은 옳지 못한 행위입니다. 정도의 차이는 있지만, 이런 못된 습성을 가진 성도가 적지 않습니다. 야고보는 "형제를 비방하는 자나 형제를 판단하는 자는 곧 율법을 비방하고 율법을 판단하는 것이라"고 강한 어조로 말하는데, 너무 비약하는 것이 아닌가 하는 생각이 들 수도 있습니다. 그러나 야고보는 지금까지 했던 권고에서 한 단계 더 강한 의미로, 형제를 비방하고 판단하는 것은 율법을 비방하고 판단하는 것으로까지 보고 있는 것입니다. 법 위에 자신의 판단을 앞세우는 것은 암묵적으로 법을 폄하하는 것입니다(댄 매카트니).

율법은 하나님이 택하신 사람들에게 주신 법으로, 그렇지 않은 사람에게는 아무 관계가 없습니다. 오직 하나님이 구원하시기로 작정한 사람들에게 주신 법이므로 그것은 믿음 안에서의 법입니다. 그래서 세상 사람도 지키면 좋겠지만, 지키지 않아도 엄벌할 수 없습니다. 하나님을 믿기로 작정한 사람, 하나님이 구원하시기로 작정한 사람은 하나님의 백성이 되었으므로 하나님 나라의 법을 준수해야 마땅합니다. 그런데 형제를 비방하고 판단하는 자는 율법을 비방하고 판단하는 자가 된다는 것입니다. 만일 어떤 사람이 우리를 비판할 경우, 이에 대해 민감하게 반응하지 않는 것이 다툼을 지나가게 하는 지름길입니다. 어떤 성도의 이야기입니다. 그는 “어떤 사람이 당신의 흉을 보면서 나쁜 사람이라고 말했다”라고 폭로하는 말을 들었습니다. 그때 그는 “그 사람이 말한 것보다 저는 더 나쁜 사람입니다”라고 대답했습니다. 이것이 함부로 비판하고 판단하는 사람들을 이기는 정도(正道)입니다.

이 구절에서 “비방”이라고 하는 말에는 ‘대적’이라는 뜻이 있습니다. 다른 사람을 대적할 때에는 그 속에 사랑이 없습니다. 원수이고 적대관계가 되었으므로 사랑으로 대할 수 없습니다. 우리를 해롭게 하고, 고통과 궁지에 몰아넣고, 우리 생명과 가족을 해하려고 하는 원수를 사랑할 사람은 없습니다. 그래서 여기에서 비방한다는 말은 단순히 다른 성도를 흉보는 정도가 아니라, 원수로 보고 적대시하는 수준입니다. 같은 하나님의 백성인데 상대를 원수로 여기고 대적했으므로 하나님이 책망하시는 것입니다. 예를 들어, 서로 다투거나 의견이 맞지 않아 언성이 높아지면 어느 정도 언어폭력이 발생할 수 있습니다. 형제 사이나 가족 사이에서도 과도하게 분노를 표할 수 있습니다. 그러나 서로 사랑하므로 시간이 지나면 화가 가라앉고 관계가 회복됩니다. 하지만 형제를 비방할 목적으로 대적하는 사람은, 상대의 작은 잘못을 들추어내고 크게 부풀려서 그가 사회적으로 매장되도록 짓밟는 저급한 술책을 쓰는 것입니다.

성도를 대적하는 이런 흉측한 사람이 초대교회에 도사리고 있었다는 것이 놀랍습니다. 아마도 공동체를 휘젓기 위해 잠입한 사탄의 졸자일지도 모릅니다. 아니면 구원받은 백성이기는 하지만 아직 미숙한 어린아이 상태일 수도 있습니다. 이 세상 어디에 가든지 교만한 사람, 혈기 많은 사람, 시기 질투하는 사람은 늘 있습니다. 그래서 이 세상은 죄 덩어리와 같습니다. 모든 사람이 죄에 잠겨 있는데도 자신이 죄 때문에 더럽혀졌는지도 모른 채 살아가고 있는 것입니다. 교회는 하나님의 말씀이 전파되는 곳이고, 신앙생활을 하는 성도는 하나님께 회개하고 자기를 돌아보아야 합니다. 그래서 세상과 비교할 때 그나마 그리스도인들이 삶을 대하는 자세가 양호합니다. 만일 어떤 교회가 회개에 힘쓴다면 그 교회는 거룩함을 추구하여 교만한 사람이 줄어드는 성결한 교회가 됩니다. 그러나 교회 안에도 자신을 제대로 보지 못하고 다른 사람을 비방하며 판단하는 교만한 사람 있다는 것을 인정하고, 혹시 자신이 자가당착에 빠지지 않았는지 돌아보아야 합니다.

우리나라 속담에 "똥 묻은 개가 겨 묻은 개를 나무란다"는 말이 있습니다. 이런 누추한 자가 교회 안팎으로 돌아다닌다면 교회 공동체는 은혜가 반감될 것입니다. 교회 안에서 비방과 판단을 일삼는 사람은 장차 하늘나라에 올라가 함께 영생을 누리는 삶을 살 가능성이 적습니다. 하나님의 보좌 앞에서 구원받은 백성이 함께 모여 예배하게 될 것인데, 그것을 진정으로 믿는다면 다른 성도를 대적하고 모질게 비방할 수는 없습니다.

"네가 만일 율법을 판단하면 율법의 준행자가 아니요 재판관이로다." 하나님이 맨 처음에 모세를 통해 율법을 주셨습니다. 하나님이 임재하셔서 오직 모세만 만나시고 이 율법을 주신 것입니다. 시내산에서 주신 십계명이 율법이고, 더 넓게는 모세오경을 율법으로 받아들입니다. 또한 넓게 구약성경 전체를 율법으로 받아들일 수 있습니다. 하나님이 성도들에게 율법을 주신 것은 그들 각자가 지키도록 하신 것입니다. 다른 사람이 율법을 지키는지, 지키지 않는지 감시하고, 지키지 않을 경우 비판하고 벌을 주려는 것이 아닙니다. 이렇게 형제 된 자들을 판단하는 사람은 자신이 그 법에서 자유로운 것처럼, 자신은 잘 지켰으니 관계없고 다른 사람만 지켜야 하는 것처럼 함부로 다른 사람을 판단합니다. 다른 성도나 다른 공동체를 함부로 비난하고 판단하는 것은 큰 죄입니다. 야고보는 이런 행태를 경계하는 것입니다.

형제를 비방하는 자는 이로써 그 형제를 심판하는 것입니다(렌스키). "재판관이로다"라는 말은 성도가 만일 율법을 근거로 다른 사람을 판단하면 자신은 율법의 준행자가 아닌 재판관이 된다는 것입니다. 율법의 재판관은 하나님이시므로 결국 그는 하나님도 아니면서 하나님처럼 행동하며 월권을 행사하는 것입니다. 율법으로 재판하실 수 있는 분은 오직 율법을 주신 하나님뿐입니다. 모든 성도는 오직 겸손하게 율법을 준행해야 할 위치에 있습니다. 대제사장이나 왕이라도 하나님의 백성이라면 예외 없이 율법을 지켜야 합니다. 율법을 준수하는 것은 어느 시대나 하나님이 구원하시기로 예정하시고 작정하신 그리고 하나님 나라에 들어온 모든 사람에게 해당합니다. 하나님 나라에서는 세상에서의 직책이나 성별, 나이의 많고 적음, 부의 정도는 전혀 중요하지 않습니다. 하나님의 나라에서는 모든 사람이 법 앞에 평등하고, 모든 사람이 똑같이 법을 준행해야 합니다.

교회가 하나님 앞에서 온전히 서기 위해 고쳐야 할 부분이 있을 수 있습니다. 그래서 교회는 개혁이 필요합니다. 그런 측면에서 의견을 내놓고 개선 사항을 건의하는 등의 시도는 허용됩니다. 또 어떤 성도가 하나님 앞에 잘못하고 있을 때 그 부분을 지적하여 변화될 수 있도록 지도하는 것이 필요합니다. 그러나 야고보가 지적하는 비방하는 사람들은 교회가 잘되고 성도가 바로 서는 것에 관심을 가진 것이 아닙니다. 그런 사람은 상대의 잘못을 지적하는 것에서 끝나지 않고, 한술 더 떠서 그런 사람은 저주받을 것이며, 지옥에 갈 것이라는 둥 자신이 하나님인 양 함부로 다른 사람의 구원에 대해 언급하기도 합니다. 상대를 사랑하는 마음으로 잘못을 바로잡아주려는 태도가 아니라, 그의 잘못을 들추어내 짓밟으려는 의도로 행하는 것은 교회 안에서 절대 일어나서는 안 되는 일입니다. 그런 사람들은 교회를 어지럽히고, 공동체의 화목을 깨트리며, 교회의 정체성을 망가트립니다.

우리가 또 하나 심각하게 생각할 일이 있습니다. 하나님의 사람들이 회개할 때 하나님이 그 죄를 용서해주신다고 하는 대원칙이 있습니다. 그런데 성도가 하나님께 회개하여 용서받은 죄에 대해, 만일 다른 사람이 정죄하고 비방한다면 그는 죄인을 비판한 것이 아니라 감히 하나님이 용서하신 죄를 비판한 것이 됩니다. 하나님이 이미 판단하셔서 용서하셨든 벌을 내리셨든 마무리가 된 사건을 다시 들추어내어 재심하는 행태를 벌이는 것은, 자신이 하나님보다 더 높은 자리에서 행동한 사악한 죄를 짓는 것입니다. 그래서 성도가 교회 안에서 다른 사람의 허물을 함부로 판단하고 정죄하면 큰코다칩니다. 오직 하나님이 어떻게 판단하실지 맡기고 기다리는 것이 지혜롭게 대처하는 자세입니다. 교회는 사랑으로 다른 사람의 허물을 덮어주고 격려하며 위로해주고 하나님의 법을 친절히 가르쳐주는 곳입니다. 교회나 성도를 함부로 비판하고 판단하는 것은 하나님을 무서워하지 않는 무지몽매한 만행입니다. 성도는 가능한 한 판단하는 것을 조심해야 합니다. 교회는 재판정이 아니며 도살장도 아닙니다. 우리는 자신을 낮추고 수도사적 삶을 사는 사람들에게서 배워야 할 점이 있습니다. 그리고 그리스도인이란 어떤 사람인지를 모른 채 중구난방으로 헤집고 다니는 행동을 멈추어야 합니다. 주제 파악을 못한 사람이 많습니다. 고독하게 사는 사람은 세 가지 싸움에서 이미 승리했습니다. 그 싸움은 듣고, 말하고, 보는 데서 일어나는 싸움입니다. 이제 남은 싸움은 자기 마음과 싸우는 것입니다(안토니우스).

12절 **"입법자와 재판관은 오직 한 분이시니 능히 구원하기도 하시며 멸하기도 하시느니라 너는 누구이기에 이웃을 판단하느냐."** 입법자와 재판관은 하나님이십니다. 법을 만드신 분도 하나님이시고, 그 법으로 재판하시는 분도 오직 하나님뿐입니다. 성경의 율법은 모세와 엘리야, 세례 요한 같은 대리인을 통해 주어졌지만, 그래도 결국 율법은 하나뿐이며 율법을 주신 분도 한 분뿐입니다(아를의 힐라리우스).

교회 안의 어느 누구도 다른 사람의 잘잘못을 판단할 자격은 없습니다. 오직 바른길을 지도하고 죄를 지으면 회개할 수 있도록 도와주면 됩니다. 그 죄가 얼마나 중한지는 오직 하나님이 판단하십니다. 죄의 경중에 따라 구원하기도 하시고 멸하기도 하십니다. 사람은 그렇게 할 능력이 애초부터 없습니다. 그래서 모든 사람은 하나님의 법 앞에 평등합니다. 그러므로 진정한 지혜와 지식이 있는 사람이라면 다른 사람을 비방하거나 판단하는 것을 멈추고, 자신을 살피고 바로 세우는 것을 최우선 과제로 삼아야 합니다. 자신이 천국에 갈 수 있을지, 벌을 받지는 않을지, 충분히 회개하여 하나님의 용서를 받았는지에 대해 민감해야 합니다. 다른 사람을 판단하는 자신이 도리어 하나님의 판단을 받고 형벌 대상자가 될 수 있음을 염두에 두어야 합니다. 교회 안에는 자신이 별것 아닌데도 대단한 척 행세하는 수준 미달의 사람이 언제 어디서나 늘 존재합니다.

허탄한 생각들

13절 **"들으라 너희 중에 말하기를 오늘이나 내일이나 우리가 어떤 도시에 가서 거기서 일 년을 머물며 장사하여 이익을 보리라 하는 자들아."** 이 구절에서 말하는 "너희"는 16절에 나오는 "자랑하는 자"들이며 교만한 자들입니다. 교만은 하나님의 선을 불신하게 하므로 우리 영혼에 최대의 적입니다(보나벤투라). 그런 교만한 자들이 어떤 일을 했는지 설명합니다.

"어떤 도시에 가서", 즉 성도들 중 신앙생활에 열심을 내지 않고 더 많은 부를 쌓으려고 다른 도시에 가서 장사하려는 사람들이 있었습니다. 그들은 어느 도시를 갈지 자신이 정했습니다. 잘 알지도 못하는 도시에 가서 활동한다는 것은 항상 위험을 감수해야 하는 일입니다. 그들은 큰 도시에 가고 싶어 육로나 수로로 수백 킬로미터를 여행하려고 하는데 반드시 그곳에 안전하게 도착한다는 보장이 없습니다(매튜 헨리). 그 당시 헬라 문명에서는 무역이 크게 성행했습니다. 도시가 발달했고, 도시끼리 서로 원활하게 무역을 했습니다. 거래 물품이 다양했고, 고가의 물품을 거래했습니다. 무역에 재능이 있는 사람은 단기간에 큰 부를 거머쥐기도 했습니다. 사도 바울이 성장한 환경을 연구해보면 그의 가정도 무역하는 부유한 집안이었습니다. 바울이 금 그릇, 은 그릇을 비유하여 설명한 것은 자기 집에서 직접 경험했기 때문에 스스럼없이 말할 수 있었을 것입니다. 사도 바울이 그 당시 위대한 스승이었던 가말리엘의 제자가 되었던 것도(행 22:3) 경제적 뒷받침이 가능한 가정이었기 때문일 것입니다. 무역은 부를 쌓는 대표적인 길이었습니다.

초대교회 성도들처럼 흩어져 살던 사람들, 즉 고향, 지역, 직장을 떠나 새로운 환경에 노출된 사람들은 경제적인 문제와 안전의 문제를 고민할 수밖에 없습니다. 경제적인 문제는 시대나 나라를 막론하고 중요합니다. 의식주 문제, 교육 문제, 안전 문제 등 다 관심을 가져야 하지만, 하나님 백성에게 가장 중요한 것은 믿음입니다. 이 땅에서 숱한 고난을 당해도 믿음으로 살고 주님께 충성하면 최종적으로 하늘에서 상을 받을 것이기 때문입니다. 이 땅에서 경제적으로 부유한 삶을 영위했다고 해도 믿음을 지키지 못하면 상급을 받을 수 없습니다. 무슨 일을 하든지 항상 하나님 중심으로 결정해야 합니다. 그래서 의식주 문제와 믿음의 문제가 나뉘는 경계선에서는 믿음을 선택해야 합니다.

"오늘이나 내일이나"라는 말은, 다른 도시로 떠나는 날도 그들 자신이 결정한다는 것입니다. 어떤 사람은 오늘, 또 다른 사람은 내일에 결행한다는 말입니다. 자기가 미래를 계획하고, 그 계획한 날짜에 맞추어 출발하겠다는 것입니다.

"거기서 일 년을 머물며"라고 말했는데, 그렇게 다른 도시로 떠난 사람들은 그곳에서 집중적으로 사업하려는 의지를 가진 것입니다. 그들은 그곳에 머물 기간도 자신이 정했습니다. 하나부터 열까지 자신이 미래를 설계하고 시행하려는 교만한 태도입니다. 그리스도인은 자신의 삶을 계획할 때 주의를 기울여야 합니다. 잘못하면 하나님을 뒷전으로 미루고 계획하기 십상입니다. 성경은 이렇게 말씀합니다. "돈을 사랑함이 일만 악의 뿌리가 되나니 이것을 탐내는 자들은 미혹을 받아 믿음에서 떠나 많은 근심으로써 자기를 찔렀도다"(딤전 6:10). 야고보는 물질에 과도한 관심을 보이는 성도들에게 이렇게 말합니다.

14절 **"내일 일을 너희가 알지 못하는도다 너희 생명이 무엇이냐 너희는 잠깐 보이다가 없어지는 안개니라."** "내일 일을 너희가 알지 못하는도다"라는 말은 너희가 어떻게 내일 일을 장담하겠느냐는 뜻입니다. 내일 우리가 어떤 행동을 하려면 살아서 생명이 있어야 할 수 있는 것입니다. 그런데 야고보는 그들이 "잠깐 보이다가 없어지는 안개"와 같다고 했습니다. 그들이 먼 지역으로 무역하러 가는 것은 큰 이익을 보려는 것입니다. 각 도시를 살피고 무역해서 이익을 보려는 생각은 당연해 보입니다. 하지만 야고보는 이에 대해 "너희는 잠깐 보이다가 없어지는 안개"라고 인생의 정체를 밝혀줍니다. 우리는 이 땅에서 잠깐 사는 것인데 수백 년을 살 것처럼 이 땅에 소망을 두고 많은 부를 쌓으려는 것은 옳지 않다고 말하는 것입니다. 사실 그런 꿈을 가지고 열정적으로 노력하는 것은 바람직한 일입니다. 목표를 정하고 최선을 다해서 그것을 이루려고 노력하는 것을 헛된 행동이라고 할 수 없습니다. 야고보 사도가 그런 바람직한 경제 활동을 막으려고 이런 말을 하지는 않았습니다. 이 말씀은 당시 시대 상황과 관련해서 생각해야 합니다.

야고보가 살았던 초대교회 시대는 전쟁이 잦았고, 사건과 사고, 전염병이 흔했습니다. 또 자연재해도 잦았기에 1년이 아니라 한두 달 후도 예측하기 어려웠습니다. 그런데도 성도들이 환경을 고려하지 않고 이런 생각을 하는 것은 하나님을 바라보는 마음은 작고, 세상에 대한 강한 애착으로 물질적인 부유함을 추구하는 것입니다. 그들에게는 성도다움도 없고 영적인 열매도 없었습니다. 이 세상의 삶은 짧습니다. 나이가 들수록 '어떻게 인생이 이렇게 빨리 지나가나'라는 푸념을 하게 됩니다. 믿음의 사람은 이 땅에 과도하게 마음을 두면 안 됩니다. 하늘에서 하나님과 함께하는 영원한 삶에 더 관심을 가져야 합니다. 이 땅의 삶도 하나님이 물질과 환경을 다 인도해주시면 우리가 조금만 노력해도 결과가 좋지만, 순전히 우리의 노력으로 이익을 보려고 한다면 결과가 좋을 리 없습니다. 야고보는 인생이 안개와 같다고 했습니다. 안개는 잠깐 있다가 해가 뜨면 사라집니다. 그런 안개와 같은 우리가 이 땅에 깊이 뿌리내릴 듯이 사는 것은 어리석은 일입니다. 언제 무슨 일로 생명이 끝날지 모르는데, 그때가 되면 이 땅에 모든 것을 남겨두고 떠난다는 것을 각오해야 합니다. 사람이 육체를 잠시 건강하게 하는 것은 그의 숨을 조금 연장시키는 것에 지나지 않으므로 엄청나게 중요한 것처럼 여기지 말아야 합니다. 그것은 영원한 것이 아니라 한시적인 것입니다(아우구스티누스).

15절 **"너희가 도리어 말하기를 주의 뜻이면 우리가 살기도 하고 이것이나 저것을 하리라 할 것이거늘."** 13절에서 자신의 미래 계획을 스스로 세우는 사람들이 한 말입니다. 야고보는 그들이 계획하는 일을 실행하면 안 된다고 말합니다. 주님은 성도 개개인의 미래에 대해 섭리하십니다. 그런데 그들은 자기가 먼저 계획을 세워놓고 그것이 하나님의 뜻이면 잘될 것이라며 자신하고 있기 때문입니다. 하지만 처음부터 하나님께 맡기고 그분이 인도하시는 바를 믿음으로 받아들이고 따르는 것이 영적 원리입니다. 이것이야말로 주님의 뜻으로 사는 것입니다. 이 구절에 나오는 주인공은 순서가 뒤바뀐 상황에 있습니다. 하나님께 맡긴다는 것은 '될 대로 되라'는 식의 자포자기가 아닙니다(댄 마카트니). 이 땅의 삶이 재물을 많이 축적해야만 살 수 있는 것은 아닙니다. 물론 그렇다고 해서 물질을 얻기 위해 노력하는 수고를 하지 말라는 뜻은 아닙니다. 수고해야 하는 것은 당연합니다. 그러나 수고의 열매가 많든 적든 하나님의 뜻이면 아무 고민 없이 갈 길을 당당하게 가는 것입니다. 주님이 원하시는 뜻대로 할 때는 손익계산서를 작성할 필요가 없습니다. 결과는 주님의 뜻에 맡기는 것입니다. 우리가 살려고 해도 주님의 뜻이 아니면 죽을 것입니다. 그때는 아무리 살려고 발버둥을 쳐도 소용이 없습니다. 주님의 뜻이라면 반드시 살 것이고, 우리가 생각하지 못했던 방향으로 진행하게 하시며, 더 큰 소득을 얻게 하십니다. 사람이 몸을 분주히 움직이며 머리를 회전시키면 큰 수익을 낼 것 같지만, 도리어 주님을 의지하고 묵묵히 행동하는 사람이 더 이익을 볼 것입니다.

16절 **"이제도 너희가 허탄한 자랑을 하니 그러한 자랑은 다 악한 것이라."**
13절에서 말한 교만한 사람에 관한 이야기가 이어집니다. 그들은 오만방자하고 주제넘는 말을 합니다. 믿음 생활과 관계없는 세상에 속한 허탄한 것을 자랑하고 있습니다. 성도들은 교회에서 대화할 때 신앙생활과 관계된 내용을 화젯거리로 삼아야 합니다. 세상에서 유흥을 즐기는 것이나 돈 버는 비결 등에 대한 말들은 멈추어야 합니다. 그러나 꼴불견인 것은 이렇게 세속적인 사람들이 이 교회 저 교회에서 기승을 부리고 있다는 것입니다. 바울은 성도들 앞에서 자신을 자랑했는데(고후 12:1, 5), 자신이 본 환상과 계시에 대해 그리고 자신의 약함을 자랑했습니다. 바울의 자랑에는 불의한 것이 없습니다. 하나님과 깊은 관계를 맺고 충성하여 은혜받은 것을 자랑하는 것은 바람직한 일입니다. 성도가 신앙적으로 잘한 일이 있다면 교회 안팎에서 간증할 수 있습니다. 그러나 자신이 세운 계획이 잘될 것이라는 등 허탄한 것을 자랑하는 것은 다 악한 허풍입니다. 그런 사람은 교만의 길을 겁 없이 걷는 술 취한 자와 같습니다.

17절 "그러므로 사람이 선을 행할 줄 알고도 행하지 아니하면 죄니라." 이 구절은 지금까지 말한 교훈의 결론입니다. 야고보는 선에 대해 가르쳤습니다. 이제는 그들이 선을 행할 차례입니다. 선을 행할 길이 막혀 있다면 어쩔 수 없지만, 행할 수 있는 기회가 열려 있다면 실행해야 합니다. 하나님의 은혜는 우리가 열심히 노력할 힘을 주십니다(요한 크리소스토무스).

하나님이 은혜를 주셔서 건강하고 경제적으로 넉넉하며 환경과 여건도 되는 데다가, 선을 행할 마음이 우러나는데도 행동으로 옮기지 않는다면 그것은 범죄입니다. 죄짓지 않으려고 가만히 있고, 말실수하지 않으려고 말하지 않으며, 일하다가 실수할 것 같아 일하지 않는 사람이 있다면 주님은 이런 행동도 죄라고 하십니다. 이것은 무능하고 게으르며 나태한 죄입니다. 하나님의 사람은 부지런히 영적 열매를 맺어야 합니다. 하나님이 주신 여러 가지 은혜를 그분 나라를 위해 사용하는 것을 주님은 기뻐하십니다. 그렇게 선을 행하다 보면 쓸데없는 죄를 지을 시간과 여유가 없습니다. 성도는 이 땅보다 하늘에 관심을 두고, 주님의 뜻을 알며, 선한 일을 행하려고 열심을 내야 합니다. 복음을 위해 일하는 것이 이 세상에서 가장 귀한 일입니다. 진정한 선은 하나님께 있습니다. 하나님께 부름받았지만, 죄에서 벗어나지 못하는 사람이 많습니다. 죄 문제가 우리 안에 더할 수 없이 깊게 파고들어 가 있는 것입니다(루터). 하나님의 타작마당에서 알곡과 쭉정이로 나뉘듯이, 범죄한 자는 머지않아 선과 악에 관해 판단받을 것입니다.

JAMES

5장

부유한 자들에게

1절 "들으라 부한 자들아 너희에게 임할 고생으로 말미암아 울고 통곡하라." 야고보가 "들으라 부한 자들아"라고 했습니다. 유대인 중 부자가 된 성도들을 가리키는 것이 아닙니다. 성도들이 사는 지역의 부자들에게 하는 말입니다(벵겔). 그래야 고난 속에서 살고 있는 성도들이 부자들의 압박에 맞서 힘을 낼 것이기 때문입니다. 한편으로는 새로 입교한 성도 중 부유한 사람도 일부 있었을 것입니다.

로마제국 시대에는 문명이 발달하여 중산층 이상의 사람들은 교역을 통해 외국의 고급 물품을 접할 기회가 많았습니다. 그러면서 그들은 고급 물품에 대한 정보를 얻었고, 부를 축적할 방법에 관해 시야가 트였을 것입니다. 그리고 세월이 지나면서 다방면에서 이익을 창출하는 경제 활동에 열심을 냈을 것입니다. 사람은 누구나 부유한 삶을 원하고, 성도일지라도 재물의 복을 받기를 원합니다. 야고보는 부유한 성도를 책망하려고 이 글을 쓴 것이 아닙니다. 부유함은 악한 것이 아닙니다. 하나님은 아브라함, 이삭, 야곱 등 그분의 사람들을 부유하게 하셨습니다. 야고보가 이 본문에서 "너희에게 임할 고생으로 말미암아 울고 통곡할" 것이라고 한 것은 부유한 사람들에게 고통스러운 날이 올 것이라고 경고하는 것입니다. 즉, 불의하게 부자가 된 사람들에게 회개를 촉구하는 것입니다. 그들은 재물을 쌓는 데만 혈안이 되었습니다. 재물의 노예가 된 것입니다. 하나님이 이런 사람들을 그대로 두실 리가 없습니다. 하나님의 권능은 결국 인간의 불의를 바로잡습니다(베다). 그리고 하나님의 복을 받아 부유해진 사람도 자신이 용서받은 죄인이라는 것을 잊지 말고 하나님의 은혜를 자랑해야 합니다. 그가 소유하고 있는 재물은 금방 사라질 수 있기 때문입니다.

2절 "너희 재물은 썩었고 너희 옷은 좀먹었으며." 야고보는 그들이 쌓아놓은 재물이 썩었다는 말로 그들의 양심을 찌르고 있습니다. 그 당시 화폐는 보통 금속으로 만들었는데, 금속은 썩는 데 오래 걸리므로 여기서 말하는 재물은 곡식을 가리킵니다. 곡식은 오래 쌓아두면 썩게 됩니다. 아무리 비싼 옷도 좀먹거나 곰팡이가 피면 입을 수 없습니다. 그만큼 부자들이 탐욕의 죄를 짓고 있음을 지적하는 말입니다. 그들은 오랫동안 재물을 쌓아두기만 하고 적절한 용도로 사용하지 않았습니다. 아무리 저장을 잘해도 오래 두면 부패합니다. 사용할 수 없는 물건이 되기 전에 필요한 사람들에게 제공했다면 좋았을 것입니다.

3절 "너희 금과 은은 녹이 슬었으니 이 녹이 너희에게 증거가 되며 불같이 너희 살을 먹으리라." 그들이 쌓아둔 금과 은이 녹슬었다고 말하는데, 보통 금과 은은 녹슬지 않습니다. 1000년 전 금관이 현재에도 발굴되는 것을 보면 이치에 맞지 않는 말처럼 들립니다. 그러나 그것이 증거가 된다고 하면서 그 물품이 변질되며 생긴 녹이 불같이 그들의 살을 먹으리라고 말합니다. "너희 살을 먹으리라"는 말은 녹처럼 붙어서 살을 태우고 육체가 심판받는다는 극단적인 표현입니다. 또한 사망이 찾아와 살을 먹는 것이라고 할 수 있습니다. 그리고 그 죄 때문에 지옥 불에 던져진다는 의미입니다(박윤선). 이것이 부자들이 재물을 축적함으로써 얻는 무서운 결과입니다. "불같이"라는 말은 순식간에 없어진다는 뜻입니다.

"너희가 말세에 재물을 쌓았도다." 본문은 특히 말세에 재물을 쌓은 것이 문제라고 말합니다. 말세는 사람이 자신의 구원을 위해 전심전력을 다해야 할 시기입니다. 여기서 말하는 말세는 여러 가지 의미가 있습니다. 사람이 죽는 때도 말세이고, 나라가 망하는 때도 말세이며, 온 세상이 종말을 맞이하는 순간도 말세입니다. 보통 부자는 말세를 두려워하고, 경건한 자는 은혜를 기다립니다.

야고보가 살던 시대에는 전쟁이 잦았습니다. 로마 배경사를 보면, 로마는 정복 전쟁을 통해 대제국을 형성했고, 많은 사람을 노예로 끌고 왔습니다. 로마에 패한 나라의 사람은 그가 아무리 고위 관료이거나 그 가족이라도 포로가 되었고 노예로 전락했습니다. 로마는 로마 시민보다 타국에서 끌려온 노예가 다수를 차지해서 사회가 혼란한 원인이 되기도 했습니다. 노예 중에는 군인 출신도 있었기에 그들이 연합하여 반란을 일으키기도 했습니다. 전쟁에는 물자가 많이 필요합니다. 로마에 대적한 반란군들은 겨울에 먹을 것이 없어지면 부자들을 찾아가서 쌓아둔 곡식과 재물을 빼앗았습니다. 로마 시민은 이렇게 도적들의 표적이 되면 나라에서 보호해주었지만, 이방 나라 출신의 부자들은 그런 보호를 받지 못했습니다. 반대로 로마 시민 중에도 이방인이 자기 지역에 거하면서 부자가 되면 그들을 질투하여 억압하고, 그들의 재물을 탈취하는 사람들이 있었습니다. 이렇게 불안정한 상황에서 이방인 불신자들과 흩어져 살던 그리스도인 중 일부(극소수)가 믿음 생활에 전념하지 않고 부를 쌓는 데 열중하고 있었기에 야고보가 책망한 것입니다.

금과 은이 녹슨다는 것은 금과 은의 필요가 없어진다는 뜻입니다. 금과 은이 지속적으로 사용된다면 녹슬 일이 없습니다. 그러나 사용하지 않고 오랜 시간 쌓아두기만 하면 의미상 언젠가 녹슬고 마는 것입니다. 사실 천국에서는 이 땅의 금과 은이 쓸모없습니다. 부패한 음식을 버리고 좀먹은 옷을 버리듯 부요함도 쓸모없게 될 것입니다. 이 땅에서 주님을 깊이 만나면 이 세상의 부가 별것 아닌 것을 깨닫게 됩니다. 하나님이 부하게 하시면 감사하는 마음으로 하나님께 물질을 드리고, 또 가난한 이웃을 위해서도 사용해야 합니다. 어느 시대나 어려운 빈곤층이 있습니다. 특히 이 본문이 쓰인 시대에는 타국에서 끌려온 노예들의 생활이 극도로 궁핍했습니다.

결국 야고보의 말은 필요한 곳에 공급해야 할 재물을 자기 창고에 모으기만 하는 행태를 지적하는 것입니다. 생활하기 위해 필요한 재원은 모아야 마땅하지만, 필요 이상으로 너무 많이 축적하는 것도 죄악입니다. 성도라면 나누기에 힘써야 합니다. 주님이 약하고 병들고 신음하는 자들을 위해 이 땅에 오신 것처럼, 복음을 전하고 이웃을 돕는 일에 힘쓰는 것은 성도가 마땅히 해야 할 일입니다. 교회와 이웃의 필요를 어떻게 채울 것인지를 날마다 연구하고 실행해야 합니다. 물론 빚을 내서까지 무리하는 것은 옳지 않고, 자기 분수에 맞게 적절한 선에서 해야 합니다. 하나님이 주신 재물에는 하나님 나라와 이웃을 위한 몫이 있다는 것을 기억해야 합니다. 성도는 이 땅이 아닌 하늘에 재물을 쌓는 쪽으로 관심의 방향을 돌려야 합니다. 이 땅에서 주를 섬기는 데 사용한 재물은 하늘에 쌓이는 천국집의 재료가 됩니다. 야고보가 부자들에게 경고한 것처럼 예루살렘이 멸망할 때 수천 명이 불에 타 죽었습니다(매튜 헨리). 그들의 재물도 다 사라졌습니다. 그리고 로마제국도 결국 멸망했습니다.

4절 "보라 너희 밭에서 추수한 품꾼에게 주지 아니한 삯이 소리 지르며 그 추수한 자의 우는 소리가 만군의 주의 귀에 들렸느니라." 야고보는 부유한 자들이 잘못된 방법으로 부를 축적하는 것을 지적합니다. 불의한 일이 많았지만, 특히 추수 때 저지른 죄를 지적합니다(벵겔). 부유한 자는 상전이 되어 수하에 일꾼을 두게 됩니다. 그때 그들은 자신의 부를 더 많이 쌓으려고 일터에서 수고한 품꾼의 보수를 정당하게 지급하지 않고 착취했습니다. 품꾼들이 노동한 대가를 정확히 계산하지 않고 최대한 품삯을 절감하려고 별의별 꼼수를 다 부린 것입니다. 열심히 일한 자는 마땅히 품삯을 받아야 하고, 노동력을 향상시키거나 유지하기 위해서라도 배부르게 먹어야 합니다. 또한 쉬도록 해주어야 합니다. 주인이 품삯을 지급하지 않는 것은 속이는 죄를 짓는 것입니다. 사탄이 역사하지 않으면 이런 야비하고 사악한 행동을 할 수 없습니다.

지급해야 할 정당한 대가를 주지 않으면 "삯이 소리를 지른다"고 말합니다. 이것은 불공정함에 대한 억울함을 분출하는 외마디 소리입니다. 추수에 동원되었던 사람이 눈물을 흘리고, 자신의 수고에 합당한 대우를 받지 못한 것에 대해 분노하고 억울한 눈물을 흘리면, 하나님이 그 소리를 들으시고 주인을 심판하실 것입니다. 다른 사람을 울리고 삯이 소리를 지르게 하면서 쌓은 재물은 자신에게 독이 됩니다. 재물을 아무리 많이 쌓아도 부족하다고 생각하는 것은 욕심의 죄가 넘치기 때문입니다. 이런 행위는 약탈에 가까우며 하나님의 엄중한 심판을 불러오는 근거가 될 뿐입니다. 그래서 노동의 대가를 주고받는 것은 정당한 일입니다. 하나님은 수고한 자를 귀하게 보십니다. 품꾼이 원한을 쌓게 되면 하나님은 반드시 진노하십니다. 속이고 강탈하여 자기 지갑을 두둑하게 채운 부유한 사람이 틀림없이 있었을 텐데, 이는 자기 머리에 유황과 불을 퍼붓는 행동입니다(알렉산드리아의 키릴루스).

"만군의 주"라는 말은 하늘의 모든 군대를 움직이시는 하나님을 표현한 것입니다. 하나님은 불, 물, 번개, 칼, 창 등을 든 천군들을 움직이십니다. 하나님은 억울하고 힘겨워하는 자의 원망을 들으시는데, 불의하게 부를 쌓는 자는 그 원한에 찬 소리를 옆에 있으면서도 듣지 못하는 것이 문제입니다. 그러나 주인이 그 소리를 듣지 못하더라도 하나님은 양쪽의 입장을 정확하게 계산하셔서, 그가 악하게 쌓은 재물만큼 그에게서 죗값을 찾으실 것입니다. 그리고 어떤 방법을 동원해서라도 하나님은 그 재물을 반드시 회수하실 것입니다. 악하게 쌓은 부는 오래가지 못합니다. 어느 시대나 재산 형성에 문제가 있는 사람이 많은데, 그들은 하나님을 두려워해야 합니다.

5절 "너희가 땅에서 사치하고 방종하여 살륙의 날에 너희 마음을 살찌게 하였도다." 그들은 마치 쾌락을 위해 사는 것처럼, 또한 쾌락 없이는 살지 못하는 것처럼 쾌락 안에서 삽니다(윌리엄 거널).

"사치"는 정상적인 생활을 위해 사용하는 물질 외에 정욕으로 호화로운 생활을 위해 재물을 사용하는 것입니다. 그리고 그 재물도 정당하게 지급해야 할 품삯을 주지 않고 도둑질한 것입니다. 그들은 사치를 즐기며 미치광이처럼 물질을 허비하며 삽니다. 사탄은 이렇게 사람이 방탕하게 살도록 조종합니다. 그들은 많은 물질을 가졌다고 모든 사람을 우습게 보며 허세를 부렸습니다. 부를 정당하게 쌓아서 주님 나라를 위해 사용하거나 가족을 위해, 그리고 연약한 자들을 위해 사용한다면 부요함은 절대 문제가 되지 않습니다. 그러나 다른 사람을 억울하게 하여 부를 쌓고 사치하며 마음이 살찐 사람의 문제는 하나님의 말씀이 들어갈 마음의 빈 공간이 없어진다는 것입니다. 하나님으로 마음을 채워야 하는데, 재물로 채우고 그 물질로 만족하며 사는 것입니다. 그런 사람에게는 언젠가 하나님이 정하신 살육의 날이 닥쳐 폭삭 망할 것입니다. 그러나 그 마음이 물질로 비대해져 하나님 앞에 겸손히 엎드릴 수 없어 살육을 피할 재간은 없습니다.

"살륙의 날"은 부자들이 연회를 위하여 소를 잡고 양을 잡은 날을 빗댄 표현입니다. 이처럼 언젠가 자기 자신이 하나님 앞에 살육당할 것입니다. 주님께서 "낙타가 바늘귀로 들어가는 것이 부자가 하나님의 나라에 들어가는 것보다 쉬우니라"(마 19:24)고 하신 말씀을 유념해야 합니다. 교회사에 나오는 훌륭한 인물 중 많은 수가 자발적으로 청빈의 삶을 살았습니다. 예를 들면, 크리소스토무스, 아우구스티누스, 그레고리우스 대제, 베르나르 등이 있습니다(보나벤투라). 이렇게까지 성결한 삶을 살지는 못해도 세상 사람들과 구별되지 않는 삶을 살아서는 위험합니다.

6절 "너희는 의인을 정죄하고 죽였으나 그는 너희에게 대항하지 아니하였느니라." 원래 죄인은 "의인"을 싫어합니다. 유대인과 이방인이 연합하여 의인이신 주님을 십자가에 못 박았습니다. 온갖 불의한 방법으로 부를 쌓는 자는 불의하게 행동할 가능성이 크고, 그다음 단계는 의인을 핍박하고 무시하며 비판하는 것입니다. 부를 쌓은 자신을 높이고 자랑하면서 능력이 없거나 부를 쌓지 못한 사람들을 무시하는 것입니다. 대부분 의인은 탐욕에 빠지지 않으며 다른 사람을 속여서 재물을 취득하지 않습니다. 그러므로 악한 환경에서는 의인들이 가난하게 살 가능성이 매우 큽니다. 이때 부유한 자들이 의인들을 향해 능력이 없다며 낮잡아볼 수 있습니다. 의인들이 부자에게 바른길을 가르치는 상황이 벌어지면, 그들은 그 말을 듣기 싫어하고 의인들의 입을 막으려고 시도합니다. 그리고 여러 가지 이유를 들어 의인들을 비밀스럽게 혹은 공개적으로 공격하거나 살해합니다. 이런 일은 구약 시대에 종종 일어났습니다. 의인을 살해하는 것은 사탄이 역사해야 시도할 수 있는 극악무도한 행위입니다. 그러나 하나님을 바라보고 사는 의인들은 악인을 증오하지 않고 하나님이 판단하실 것을 믿습니다. 지금 불이익을 당하고 있더라도 언젠가 하나님이 채워주실 것을 믿습니다. 그래서 의인들은 부한 자에게 악담하거나 물리적으로 대항하지 않습니다.

한편, 일꾼 중 자신이 수고한 것보다 더 많은 보수를 요구하면서 상사와 충돌하기도 하는데, 이는 간악한 부를 쌓는 자와 하나도 다를 것이 없습니다. 하나님께 기도하고 맡기면 그분이 판단하시고 어떤 형태로든 자기가 충성한 대로 갚아주실 것을 믿어야 합니다. 부유한 상전이나 종들은 하나님이 그들의 사정을 다 아신다는 믿음으로 행동해야 합니다. 특히 상전인 사람은 우리의 상전이 하늘에 계신다는 것을 항상 인식하고 종들에게 의와 공평을 베풀어야 합니다(참조. 골 4:1). 야고보는 부자와 일꾼이 지녀야 할 바른 마음가짐을 가르칩니다. 서로 다투지 않고 배려하는 것이 하나님이 간절히 원하시는 모습입니다. 말세는 주님이 언제 오실지, 언제 전쟁이 나서 나라가 망할지 혹은 우리가 언제 사망에 이를지 모르는 때입니다. 하나님의 사람은 그분이 주신 물질을 하나님 나라와 이웃을 위해 사용해야 합니다. 재산을 가난한 이들에게 베푸는 사람은 그것을 잃는 것이 아니라 (오히려) 한 푼까지 지킬 것입니다(오이쿠메니우스).

길이 참으라

7절 "그러므로 형제들아 주께서 강림하시기까지 길이 참으라." "형제들아"라는 애정 어린 호칭이 7, 9, 10절에 나옵니다. "그러므로"라는 말은 앞에서 부자들에 관한 내용이 나오는데 그것을 이어서 '부자들의 압제로 말미암아'라는 뜻입니다(이상근). 그러므로 압제를 당할 성도들이 취할 태도를 미리 예측하게 합니다. 성도는 부자들이 어떤 악행을 저지르더라도 가야 할 길을 초지일관 달려가야 합니다. 야고보는 농부가 귀한 열매를 바라듯이 성도는 주님의 재림으로 완성될 구원을 바라라고 권고합니다.

"길이 참으라"고 말한 것은 성도가 이 땅에서 살다 보면 참을 일이 첩첩이 있다는 것입니다. 그러나 성도는 이 땅에서 사는 동안 어떤 괴로움이 있어도 참고 잘 버텨야 한다는 것입니다. 우리는 앞에서 교만을 경고하는 내용을 살펴보았습니다. 사람은 교만해질 가능성이 큽니다. 자기에게 조금이라도 공로가 있거나 높은 자리로 올라가면 쉽게 교만해집니다. 이는 모두 마귀의 영향입니다. 성령이 임재하시면 하나님을 두려워하며 겸손해집니다. 그래서 자기가 아무리 훌륭하고 귀한 일을 했더라도 고개를 숙이고 자중합니다. 성도는 사람들 앞에 자신을 드러내려고 하거나 우쭐거리는 행동을 삼가야 합니다. 만약 그런 욕구가 생긴다면 위험을 감지하고 자신을 쳐 복종시키는 노력을 해야 합니다. 그런 마음의 태도가 없으면 교만의 함정에 빠진다는 것을 기억해야 합니다. 또한 가난한 사람을 차별하지 말라고 가르쳐줍니다. 초대교회는 가난한 사람이 대다수였습니다. 부유한 사람들이 가난한 사람들을 차별하는 일이 벌어졌기 때문에 이런 가르침을 주었습니다. 그리고 말실수를 하지 말라고 가르쳤는데, 사람들이 말실수를 많이 해서 서로 시험에 들고 다른 사람들에게 상처를 주는 등 문제가 자주 불거졌습니다. 말실수는 공동체를 깨트릴 수 있으므로 늘 조심해야 합니다. 야고보는 또한 세상과 벗하지 말라고 가르칩니다. 성도는 하늘나라를 바라보고 사는 사람입니다. 우리가 이 땅에서 사는 동안 하나님은 우리에게 영적인 복과 육체적인 복, 명예와 물질 등 여러 가지 복을 주실 수 있습니다. 그 복을 받는 것은 잘못이 아닙니다. 그러나 그 복을 누리면서도 항상 생각해야 하는 것은 우리가 영원히 살 곳은 하늘나라이고, 장차 그곳에서 주님을 만나면 주님이 우리가 행한 것을 다 판단하신다는 것입니다.

성도가 맞이할 마지막 심판은 우리가 죽든지 주님이 오시든지 했을 때 이루어집니다. 그래서 "주께서 강림하시기까지 길이 참으라"고 위로하는 것입니다. '주님의 강림'은 주님의 재림을 가리키지만, 그 전에 우리가 죽어 천국에 간다면 재림 전에 주님을 만나게 됩니다. 우리가 신앙생활을 하는 동안 여러 환란과 어려움을 당할지라도 참아야 합니다. 주님이 오시면 심판하시고 행한 대로 우리에게 상급을 주실 것이기 때문입니다. 최후의 심판 날에 악한 자들은 심판을 받고, 충성된 자들은 예비된 상을 받을 것입니다. 주님이 우리를 위하여 하늘 처소를 예비하신다고 하셨으니 우리는 멋진 집을 꿈꾸면서 믿음을 지켜야 합니다. 이렇게 하늘을 소망하는 사람만이 하나님께 충성할 수 있습니다. 더 오래, 더 많이 참고 인내했다면 더 많은 상급을 주실 것이므로 인내한 기간은 절대 손해 보는 시간이 아닙니다.

"보라 농부가 땅에서 나는 귀한 열매를 바라고 길이 참아 이른 비와 늦은 비를 기다리나니." 야고보는 "보라"라고 하면서 말을 이어갑니다. 앞의 말과 연결된다는 뜻입니다. 야고보는 길이 참을 때 어떻게 참아야 하는지에 관해 농부를 예로 들어 설명합니다. 주님도 무화과나무 비유를 가르치시면서 여름이 가까워질 때 잎사귀가 연해진다고 하셨습니다(마

24:32-36). 농부는 씨를 심은 후 귀한 열매를 바라며 오랫동안 참습니다. 열매를 얻어야 식생활을 해결할 수 있고 살아갈 수 있습니다. 그래서 농부에게 열매는 생명입니다. 농부에게 '열매가 맺히는 날'이 영적으로는 주님이 강림하시는 때입니다.

"기다리나니", 즉 성도는 농부가 열매를 기다리는 마음으로 주님의 강림을 기다려야 한다는 것입니다. 또한 수고하고 인내한 결과로 열매를 얻기를 기대하면서 오래 참고, 이른 비와 늦은 비를 기다립니다. 파종할 때 그리고 열매가 한참 자라 수분이 필요할 때 비가 와서 물을 공급해주어야 합니다. 적당한 때에 비가 와야 하므로 농부는 하늘을 바라보며 이른 비와 늦은 비를 기다립니다. 이처럼 우리도 이 땅의 고난 속에서 인내하며 하나님이 주시는 은혜의 때, 회복의 때를 기다려야 합니다. 비가 적절히 내려야 수분이 공급되어 작황이 좋아지듯이, 우리도 하나님의 은혜를 많이 받고 또한 충성해서 많은 열매를 맺어야 하늘의 상급이 많아질 수 있습니다. 하나님을 바라보며 참고 인내하는 성도에게 하나님이 은혜의 단비를 시기적절하게 부어주십니다.

8절 "너희도 길이 참고 마음을 굳건하게 하라 주의 강림이 가까우니라." 성도가 길이 참고 마음을 굳건하게 지킬 수 있는 이유는 주님의 강림이 가깝기 때문입니다. 초대교회 성도들은 주님이 오실 날이 머지않다고 생각했습니다. 야고보는 이것을 주님의 재림이 정말 코앞에 있기 때문이 아니라, 영적인 하나님 나라가 곧 도래할 것이라는 뜻으로 말했습니다. 하나님 나라는 천 년이 하루 같고 하루가 천 년 같은 영적 나라입니다. 이 땅의 시간과 관계가 없습니다. 하나님 나라는 시공간을 초월하여 존재합니다. 그래서 주님이 오실 날이 언제인지에 관해 사람의 생각과 주님의 생각은 같을 수 없습니다.

초대교회 성도들이 생각했던 주님의 재림이 어느덧 2천 년이 지났습니다. 하나님 나라에서 2천 년은 하루이틀에 불과할지도 모릅니다. 성도는 어느 시대에 살든 주님을 바라보고 인내하는 기간이 필요합니다. 성도들은 서로 참아주고 바깥사람들에게는 인내해야 합니다(요한 크리소스토무스). 마음을 굳건히 해서 아무리 박해를 받고 힘들고 어려운 일이 있어도, 또 부요함과 만족함이 있어도 자신을 잘 지켜서 믿음의 승자가 되어야 합니다.

9절 "형제들아 서로 원망하지 말라 그리하여야 심판을 면하리라 보라 심판주가 문 밖에 서 계시니라." "원망"은 우리가 기대하는 대로 이루어지지 않을 때 생깁니다. '원망'은 헬라어로 '스테나조테'(στενάζετε)인데 이는 '탄식하다', '신음하다'(막 7:34, 롬 8:23)라는 뜻입니다. 사람은 대개 다른 사람을 원망하는 데 익숙한데, 성도들도 똑같이 그렇게 합니다. 그것은 하나님을 온전히 믿으려고 애를 쓰지만, 핍박당하고 물질적으로도 어렵기 때문입니다. 그리고 악한 자들은 더 부유해지고 싶어서 불평을 쏟아냅니다. 성도들은 모이면 누구 때문에 이런 일이 벌어졌다느니 하면서 서로 지적하고 원망했습니다. 공동체가 원망과 다툼으로 난장판이 되는 것입니다. 회당의 분위기가 무거워지고 은혜가 사라지는 것은 당연합니다. 은혜의 빛이 비쳐야 할 공동체에 먹구름이 몰려듭니다. 이런 일은 가정에도 직장에도 교회에도 벌어집니다. 노력에 비해 대가가 적고 필요가 충족되지 않는다고 생각하므로 원망이 터져나오는 것입니다. 이런 상황에서도 소망을 품고 미래를 바라보는 사람은 원망하지 않습니다. 원망하면 원망을 받는 자든 원망하는 자든 모두 손해를 봅니다(뱅겔). 하나님이 채워주실 은혜를 바라보면 어떤 고난도 참고 견딜 수 있습니다. 그러나 어려운 현실만 바라보고 부정적인 미래를 생각하면 원망이 나올 수밖에 없습니다.

초대교회 성도들은 조금만 참고 견디면 로마의 박해가 끝나거나 주님이 재림하셔서 모든 것이 회복될 것이라고 기대했습니다. 그러나 10년이 지나고 20년이 지나도 상황이 개선될 기미가 보이지 않자 지친 사람이 많아졌습니다. 언제까지 이렇게 숨어 살고, 도망자 신세로 살아야 하는지 불평했고, 무엇보다 가난한 현실이 암담했습니다. 그런 와중에 공동체 안에서 자신의 부를 자랑하거나 교만한 사람, 말로 상처를 주는 사람이 있어서 그들의 인내심의 한계에 다다르기 시작했습니다. 인내의 기간이 길어질수록 믿음을 지키기가 어렵고, 의심과 원망과 불평이 누적되었습니다. 이를 알게 된 야고보가 성도들에게 원망하지 말라고 주의를 준 것입니다. 그동안 충성한 것에 대해 주님께 인정을 받아 하늘에 상급이 쌓였을지라도, 끝까지 인내하지 못하면 그 상급은 삭감되고 줄어들 것입니다. 행한 대로 갚으시는 심판 주 하나님은 우리가 충성한 것만이 아니라 원망하고 불평한 것도 다 계산하십니다. 주님께 충성한 것보다 원망하고 불평한 것이 더 많다면 대책 없는 삶이 됩니다.

“심판주가 문 밖에 서 계시니라”는 말씀대로 심판 주이신 그리스도는 성도의 언어생활이나 일터에서의 모습을 다 주시하십니다. 그러므로 언제일지는 모르지만, 주님이 강림하실 때까지 우리 자신을 견고하게 하고 인내해야 합니다. 또한 성도 사이의 원망을 그치고, 서로 위로하며 상처받은 마음을 가다듬어야 합니다. "문 밖에" 계신 주님이 언제 문을 열고 들어오실지 모릅니다. 문 밖에서 다 들으시는 주님이 문을 열고 들어오셔서 우리를 심판하신다는 것을 기억해야 합니다. 하늘에서 빈껍데기뿐인 그릇을 받게 되는 불상사가 일어날지 모릅니다. 겸손히 주님의 처분을 기다리는 자세가 필요합니다. 사람에게 가장 중요한 일은 자기 죄를 하나님 앞에 내어놓고 생애 마지막 날에 심판을 기다리는 것입니다(안토니우스).

10절 **"형제들아 주의 이름으로 말한 선지자들을 고난과 오래 참음의 본으로 삼으라."** 신약 시대에도 선지자가 있었지만(고전 12:28, 행 21:9), 이 구절에 언급된 선지자는 구약 시대의 선지자입니다. 구약 시대에 주님의 이름으로 선포하고 다닌 선지자들이 있었습니다. 선지자는 오직 주님의 이름으로 주님이 말씀하신 것만 전해야 합니다. 자기 생각대로 예언하면 거짓 선지자입니다. 그런데 선지자들이 주님의 이름으로 주님의 말씀을 전했지만, 당시 왕들이나 고관들은 선지자들의 말을 청종하지 않고 도리어 횡포를 부리고 핍박했습니다. 어느 시대나 자기가 듣고 싶은 말만 듣는 사람들이 있는데 선지자들은 그들의 죄를 지적했습니다. 그래서 그들은 선지자들을 홀대했습니다. 그러나 선지자들은 끝까지 "주의 이름으로" 말씀을 증거했습니다. 그러다가 돌에 맞기도 하고 톱에 잘리

기도 하고 불 속에 들어가기도 하는 등 온갖 어려움을 당했고, 그렇게 살해된 선지자가 많았습니다(히 11장). 이런 태도가 선지자의 본 모습이며 모범이 될 만합니다. 성도도 어떤 고난을 당할지라도 참된 선지자들처럼 끝까지 신앙을 지켜야 합니다.

11절 **"보라 인내하는 자를 우리가 복되다 하나니 너희가 욥의 인내를 들었고 주께서 주신 결말을 보았거니와 주는 가장 자비하시고 긍휼히 여기시는 이시니라."** 이 말씀은 마태복음 5장 11절을 반영합니다. 야고보는 인내하는 자를 복되다고 말합니다. 사치하는 자들이 절대 넘볼 수 없는 고귀한 자들입니다. 성경은 가장 인내를 잘한 사람의 대표로 욥을 언급합니다(욥 1:1). 그는 동방의 의인입니다. 믿음대로 살던 그는 어느 날 모든 자식을 죽음으로 잃고, 소유한 재산도 다 잃었으며, 건강까지 잃었습니다. 아내까지 그의 곁을 떠났습니다. 당대 최고의 부자였던 믿음의 사람이 하루아침에 패가망신하고 길거리에 버려진 노숙자가 되었습니다. 상상도 할 수 없는 일을 겪었지만, 그는 낙심하지 않고 끝까지 하나님을 의지했습니다. 하나님은 욥의 모습을 보시고 이전보다 두 배로 더 큰 복을 내려주셨습니다. 욥은 축복된 결말을 맞은 것입니다. 욥의 모습을 보면 이런 의인이라면 천국의 이십사 장로 중 한 분이 되어도 손색이 없을 것 같습니다. 욥은 하나님의 보좌 앞에서 하나님께 영광을 돌릴 위대한 인물입니다. 그래서 야고보는 성도에게 인내가 필요함을 역설하면서 욥을 예로 들었습니다. 신약 시대에도 욥의 인내는 유명했는데, 야고보는 이 구절에서 누구라도 인내하는 욥을 닮아갈 수 있다고 격려하는 것입니다. 성도는 무엇보다 하늘나라의 상급을 바라보아야 합니다. 야고보의 말은 욥처럼 세상의 불행을 인내하되, 그가 두 배로 돌려받았다고 해서 세상의 재화를 인내에 대한 보상으로 기대하지 말라는 것입니다. 오히려 주님이 우리보다 먼저 가셔서 안전하게 확보하려고 하시는 영원한 재화를 기대하라는 것입니다(아우구스티누스). 주님은 인자하시고 자비로우시며, 또 긍휼을 베푸시는 분이기 때문에 주님을 바라보고 인내하며 견디면 주님이 다 아시고 이 땅에서든 하늘에서든 갚아주십니다. 주님은 인내하는 자들을 실망하게 하지 않으십니다. 그러므로 우리가 주님께 충성한 일을 이 땅에서 누군가가 갚아주기를 소원하고 기대하지 말아야 합니다. 사람을 바라보면 실망할 일이 많고 원망과 불평이 생깁니다. 오직 하나님께 시선을 고정하고 신앙생활을 해 하나님의 은혜를 충만히 받고, 또 하늘 창고에 상급을 쌓아나가야 합니다.

맹세에 관하여

12절 "내 형제들아 무엇보다도 맹세하지 말지니 하늘로나 땅으로나 아무 다른 것으로도 맹세하지 말고 오직 너희가 그렇다고 생각하는 것은 그렇다 하고 아니라고 생각하는 것은 아니라 하여 정죄 받음을 면하라." 이 말씀은 마태

복음 5장 33-37절 산상수훈의 교훈과 흡사합니다. 어려운 시대를 사는 성도는 헛된 맹세를 하는 등 말로 죄를 짓지 않아야 합니다. 맹세하는 일은 옛날이든 지금이든 어디서나 볼 수 있지만, 특히 유대인에게 심했습니다(이상근). 우리는 이 땅에 사는 동안 다른 사람과의 관계에서 맹세하게 되는 경우가 있습니다. 이 세상은 우리 혼자 살 수 없기에 수많은 사람과 관계를 맺게 됩니다. 선한 의도로 여러 사람이 힘을 합하자고 맹세하는 경우가 있습니다. 사업을 위해, 나라를 위해, 개혁을 위해 맹세하거나, 중요한 비밀을 지키기 위해 맹세하기도 합니다. 이런 일들로 맹세하고 그것을 잘 지키는 사람들이 있습니다.

그런데 본문에서 맹세에 관해 경고하는 것은 유대인 사이에서 불순한 의도로 맹세하는 일이 시도 때도 없이 있었기 때문입니다. 그래서 성경에도 맹세하지 말라는 말씀이 여러 차례 기록되어 있습니다. 또 주님도 맹세하지 말라고 가르쳐주셨습니다(마 5:33-37). 그것은 그 맹세가 자신을 멋지게 포장하기 위한 의도였기 때문입니다. 이런 헛된 맹세를 초대교회 성도들도 했던 것입니다. 불순한 의도로 헛된 맹세를 하는 이유는 맹세를 지키지 않더라도 불이익을 당하지 않았기 때문입니다. 손해 볼 것이 없으므로 핑계를 대면서 지키지 못했다고 변명으로 넘기는 사람이 많았습니다. 맹세를 지키지 않을 때 입을 손실이 막대하다면 어떻게든 지키려고 할 것이고, 지키지 못할 맹세는 처음부터 하지 않았을 것입니다. 이런 경우 처음부터 맹세를 지킬 의도가 있었는지는 당사자만 압니다.

자기가 억울한 일을 당할 때 맹세하는 경우도 있습니다. 자기를 변명하고 결백을 주장해도 상대가 믿어주지 않으므로 자신의 말이 확실하다고 맹세하는 것입니다. 그럴 때 본문에 나오는 것처럼 사람들에게 영향력이 있는 권위 있는 사람이나 장소나 물건을 두고 맹세를 합니다. 이는 그 맹세의 권위를 높이는 행위인데, 이때 기만의 죄를 범하기 쉽습니다. 야고보는 하늘로나 땅으로나 아무 다른 곳으로도 맹세하지 말라고 합니다.

다른 사람이 알면 안 되는 비밀을 지키려고 맹세하면 아무리 권위 있는 사람이라도 증인으로 세울 수 없으므로 하늘에 맹세하든지 땅에 맹세하는 경우가 있었습니다. 또 유대인은 성전을 두고 맹세하는 경우도 많았습니다. 유대인은 하나님을 믿었으므로 그들이 하늘에 맹세하는 것은 하나님 앞에서 맹세한다는 뜻이었습니다. 땅을 두고 맹세하는 것은 이 땅에 있는 성전을 두고 맹세하는 것과 같습니다. 성전은 하나님을 만나는 거룩한 장소로서, 그곳은 하나님께 예배드리고 예물도 드리며 기도도 하는 거룩한 곳입니다. 그래서 자신의 맹세가 확실하다는 것을 드러내려고 하나님의 이름을 사용하고 성전도 이용한 것입니다.

그러나 그것이 반드시 맹세를 지키려는 진실한 마음으로 한 것일지라도 성경은 모든 맹세를 금합니다. 모든 맹세는 하나님이 들으시는데, 그분의 이름과 성전을 들어 한 맹세는 하나님이 불꽃 같은 눈동자로 지켜보실 것입니다. 그러나 사람은 연약하여 하나님의 이름과 성전을 들어 맹세했더라도 부득불 지킬 수 없는 경우가 생깁니다. 또 만일 그가 자신의 잘못을 감추기 위해서라든지, 아니면 지킬 의사 없이 순간적으로 위기를 모면하기 위해 맹세했다면 그것은 더욱 사악합니다. 이 중 어떠한 경우라도 하나님의 이름과 성전을 들어 한 맹세가 지켜지지 않는다면, 그분의 이름과 성전의 권위는 실추되고 더럽혀집니다. 그래서 어떤 맹세이든지, 그 맹세의 내용이 작든 크든, 선한 의도로 했든 악한 의도로 했든 맹세 자체를 금기시하는 것입니다. 성도는 맹세가 전혀 불필요할 정도로 말에서 온전해야 합니다(댄 매카트니).

사실 맹세하는 사람은 아무리 하나님의 이름을 사용하고 성전을 거론한다고 해도 믿음이 없는 경우가 대부분입니다. 그가 신실하게 살고 자신의 말을 반드시 지키는 신의가 있는 사람이었다면 하나님의 이름과 성전을 거론하면서까지 맹세할 상황까지 이르지 않았을 것입니다. 그렇게 무리하지 않더라도 그의 언행을 주변 사람이 다 신뢰하기 때문입니다. 그러나 그는 사람들에게 인정받지 못한 사람이므로 사람들이 그의 말을 신뢰하지 않은 것이고, 그러므로 그는 억지로라도 사람들에게 인정받기 위해 하나님의 이름과 성전을 들먹이며 맹세한 것입니다. 그러면 그의 말을 들은 사람은 의심할 수도 있지만, 하나님 앞에서 한 약속이므로 믿겠다고 생각할 것입니다. 그러나 그가 믿음 없고 신의 없는 사람이기 때문에, 자기가 한 맹세를 지키려고 하지 않을 가능성이 큽니다. 나름대로는 잘 지키려고 맹세했다고 해도 그동안 신뢰받지 못했던 사람이 맹세했다고 해서 잘못된 행실이 바로 변화되기는 어렵습니다. 결국, 하나님의 이름으로 한 맹세이기에 믿어주었던 사람들은 그에게 속아 넘어갈 가능성이 큽니다. 하나님의 이름, 성전이라는 거룩한 도구를 매개로 사람을 속이는 참람한 일이 벌어지는 것입니다. 이런 일이 유대 사회에서 횡횡했습니다. 하나님을 믿어도 이런 악한 일이 자주 일어납니다.

성도는 약속도 함부로 하지 않아야 하고, 약속했다면 번복하지 말아야 합니다. 작은 약속을 어기는 사람은 큰 약속도 어기기 쉽습니다. 약속을 잘 지키지 않는 사람은 주변에서 그를 믿어주지 않고, 그와 어떤 일도 함께하고 싶어 하지 않습니다. 작은 일이라도 최선을 다해 지키려고 노력하는 사람은 하나님이 은혜를 주셔서 약속을 더 잘 지킬 수 있도록 해주십니다. 그러면 사람들에게 인정받고, 지위도 높아지며, 물질적으로도 풍부해지게 됩니다. 하나님이 맡겨주신 일도 마찬가지입니다. 작은 일에도 충성하고 열심히 노력한다면 하나님이 인정하시며, 또 더 큰 일을 맡겨주셔서 주님 나라를 위해 많이 헌신할 수 있는 환경이 조성됩니다. 그런 신뢰를 쌓지도 않은 채, 무작정 주님 나라를 위해 열심히 충성하겠으니 큰일을 맡겨 달라, 높은 지위를 달라, 물질을 많이 후원해달라고 하는 것은 옳지 않습니다. 만약, 하나님을 진실로 믿는 사람이 진심으로 하나님께 충성하겠다고 약속하면, 하나님은 그가 약속을 잘 지킬 수 있도록 도와주십니다. 하나님이 성도의 간청하는 말을 들으시고 지켜보시는 것은 '네가 약속을 지키나 안 지키나 지켜보자'라거나 '안 지키면 벌을 주어야겠다'라는 뜻이 아닙니다. 하나님이 들으시고 그의 진심을 받아주시며, 잘할 수 있도록 힘을 주시는 것입니다. 진실한 마음으로 하나님께 충성하기로 약속하고 그것을 하나님의 도우심으로 잘 해낸다면 더욱 큰 복을 받을 것이고, 그는 멋진 인생을 살게 될 것입니다. 이를 위해서 우리는 함부로 약속하거나 맹세하지 않아야 하고, 만약 약속이나 맹세를 하게 된다면 많이 기도하고 성령이 마음을 움직여

주실 때 해야 합니다.

약속을 하나님 앞에서 말하는 것과 우리가 마음으로만 품는 것은 큰 차이가 있습니다. 마음에 품고 있는 것은 지키지 않았다고 해도 책임이 없습니다. 그러나 입에서 발설한 것은 하나님이 들으시므로 그 결과에 대해 책임을 져야 합니다. 진실로 맹세했다면 하나님이 그것을 잘 감당할 수 있도록 힘을 주시는데, 진실성이 없고 자신의 이익을 위해 혹은 다른 사람에게 피해를 주는 어떠한 맹세를 했다면 하나님이 분노하시고 심판하실 수밖에 없습니다. 하나님의 이름으로 맹세나 약속을 한 것이므로 이것을 어긴다면 신성 모독죄에 해당합니다. 하나님의 이름으로 한 맹세를 잘 지키면 하나님의 이름이 영광을 받으시지만, 지키지 못하면 하나님의 이름을 먹칠하는 것이 됩니다. 그러므로 하나님이 분노하실 수밖에 없습니다. 그래서 약속한 것과 맹세한 것은 꼭 지켜야 하고, 함부로 약속하고 맹세하면 안 됩니다. "그렇다고 생각하는 것은 그렇다 하고 아니라고 생각하는 것은 아니라 하여 정죄 받음을 면하라"(참조. 마 5:37)는 말씀을 명심해야 합니다. 성도가 말로 그렇다고 했으면 행동도 그렇게 해야 합니다. "네"라고 했다면 "네"라는 행실을 보여주어야 합니다(벵겔). 그렇게 해야 심판에 떨어짐을 면하게 됩니다. 성도는 평상시 자기 생각과 행동을 사실 그대로 말하면 됩니다. 진실한 자에게는 더는 맹세가 필요 없습니다. 물론 맹세를 금한다고 해서 세례식 때의 선서나 결혼 서약까지도 금하는 것은 아닙니다.

병든 자를 위한 기도

13절 "너희 중에 고난 당하는 자가 있느냐 그는 기도할 것이요 즐거워하는 자가 있느냐 그는 찬송할지니라." 불신 세상의 윤리는 고난당할 때는 신을 원망하고, 즐거워할 때는 자신의 공을 자찬하는 법입니다. 성도는 이와 반대로 하라는 것입니다(이상근). 성도가 고난당하거나 즐거울 때 어떻게 처신해야 하는지를 야고보가 진지하게 가르칩니다.

"너희 중에 고난 당하는 자가 있느냐"고 묻는 것은 실상 고난당하는 자가 많았기 때문입니다. 초대교회 성도들은 어려운 환경에 있었으므로 고난도 많았을 것이고 또 감당하기 벅찬 일도 많았을 것입니다. 그중 예기치 않게 질병에 걸린 사람도 있었을 것입니다. 환경이 좋으면 질병에 걸릴 확률이 비교적 낮습니다. 적응하기 어려운 타국생활에서 이리저리 쫓겨다니고, 마음고생도 많이 하며, 영양 섭취도 부족한 생활을 오래 하면 잡다한 병에 걸릴 가능성이 큽니다. 그래서 초대교회 성도들이 많은 병에 시달렸을 것으로 추측할 수 있습니다.

카파도키아에는 성도들이 박해를 피해 광야 동굴에 들어가 거주했는데, 어떤 공간에 가면 천장에 쇠못이 박혀 있던 자국이 있습니다. 이는 초대교회 성도 중 귀신이 들렸거나 정신질환으로 발작 증세가 일어난 사람들을 치료하려고 묶었던 흔적입니다. 발작하여 소리를 지르는 것은 숨어 사는 그들이 발각될 수 있는 위험한 일입니다. 또한 다른 사람에게 해를 끼치지 못하게 하려고 묶어두고 치료한 것입니다. 참으로 가슴 아픈 일입니다. 예수님을 믿는 것 때문에 살던 곳에서 쫓겨나 동굴에서 숨어서 지냈는데, 그곳에서도 늘 위기감을 느끼며 숨죽여 있으면서 정신적 고통을 받고 살았으니 정신적으로나 육체적으로 피폐해져 질병에 노출되었던 것입니다. 또 몸과 마음이 약해진 틈을 타 악한 영들이 집중적으로 공격해서 더 큰 문제로 확대된 것입니다. 혹여 그들 중 과거에 이방 신을 섬겼던 사람이 섞여 있었을지도 모릅니다. 그렇다면 아무리 기도를 많이 하고 하나님을 찬양해도 사탄의 영향권에 있기 때문에 공격을 당합니다. 성도들이 이런저런 이유로 환란 속으로 들어갑니다. 하나님 나라에 들어가려면 많은 환란을 겪게 됩니다(행 14:22).

삶이 평탄하면 별 문제가 일어나지 않습니다. 그런데 고난을 겪으면 사람이 변질되는 경우가 많습니다. 그 고난을 이겨내지 못해 어그러지는 것입니다. 별일이 없을 때는 좋은 사람이지만, 힘든 상황에 맞닥뜨리면 소리를 지르거나, 원망과 불평, 증오를 토해내면서 발작 증세를 보이는 등 인격이 변하는 사람이 있습니다. 이런 모습은 대부분 숨겨진 상처를 건드리면 나타납니다. 물론 다른 사람의 상처를 건드리는 것은 좋지 않지만, 그렇다고 누군가가 자신의 상처를 건드렸다고 해서 지나칠 정도로 반응하는 것은 보기에 흉합니다. 그런 사람은 상처를 치유받아야 합니다. 마음의 상처가 별로 없거나 상처가 있어도 치유된 정상적인 사람은 아무리 자극을 준다고 해도 과민하게 반응하지 않습니다. 믿음이 좋은 사람은 하나님과의 관계에서 고난을 잘 이겨나갈 수 있지만, 대부분 사람은 고난을 겪으면 낙심하고 좌절하면서 많은 상처를 받아 성격이 어그러지고 우울증 같은 정신병이나 신체의 병도 생기게 됩니다.

야고보는 그런 사람들에게 "기도할 것이요"라고 하면서, 고난 속에서도 주님께 묵묵히 기도하는 자세를 견지하는 것이 진정한 성도의 모습임을 가르칩니다. 만일 우리가 누구에게 해를 입었다면 하나님께 위로의 은총을 주셔서 죽음으로 이끄는 이 세상의 슬픔이 자신을 덮치지 않게 해달라고 기도해야 합니다(존자 베다). 초대교회 성도 중에는 고난 속에서도 깊은 기도로 주님과 좋은 관계를 맺고, 성령의 은사도 받으며 마음에 평안을 얻은 사람도 많았을 것입니다. 그래서 야고보는 고난당하는 자가 있다면 불평하거나 원망하지 말고 열심히 기도해서 힘들고 어려운 일을 이겨내야 한다고 가르쳐줍니다.

"너희 중에 즐거워하는 자가 있느냐"고 물은 것도 즐거워하는 자가 있었기 때문에 말한 것입니다. 고난과 즐거움은 극과 극의 상황인데, 본문의 성도들은 고난과 즐거움의 상황에 처해 있었습니다. 여기서 '즐겁다'는 말이 왜 나왔는지는 앞에서 나온 장사와 관련한 이야기와 연결해 생각해보면 알 수 있습니다. 로마 시대에 장사하여 부유해진 이방인도 많았고, 초대교회 성도 중에도 박해를 받고 여기저기 떠돌아다닌 사람도 있었지만, 어떤 도시에 가서 장사하고 이익을 많이 남겨 부자가 된 이들도 있었을 것입니다. 그들은 자신들이 이룬 부로 즐거워했을 것이 분명합니다. 문제는 자기가 열심히 사업해서 물질적 풍요를 누린 것으로 생각하고 교만해져 사람들 앞에서 자랑하고 자신을 높이며, 자기보다 못한 사람들을 무시하는 등의 모습을 보인 사람도 있었던 것입니다. 자기가 아무리 열심히 노력했더라도 하나님이 베푸신 은혜이니 하나님께 감사하고 찬송해야 마땅합니다. "그는 찬송할지니라"고 했는데 사실 역경의 때에 찬송하는 것은 어렵습니다. 즐거울 때 찬송하는 것이 더 자연스러운 영적 행위입니다.

14절 "너희 중에 병든 자가 있느냐 그는 교회의 장로들을 청할 것이요 그들은 주의 이름으로 기름을 바르며 그를 위하여 기도할지니라." 병자를 찾아가서 기도하는 것은 유대인의 오랜 전통입니다(이상근). 고난당하는 자는 기도하고 병든 자는 장로들을 청하라는 것입니다. 이것은 주님이 열두 제자를 부르신 후 명하신 일입니다. "제자들이 나가서 회개하라 전파하고 많은 귀신을 쫓아내며 많은 병자에게 기름을 발라 고치더라"(막 6:12-13). 이 명령은 오늘날에도 이어져야 합니다. 그 당시에 고난당하면서 병든 자가 한두 사람이 아니라 매우 많았을 것입니다. 교회사를 보면 초대교회에서 제일 많이 나타난 은사 중 하나가 병 고치는 은사였습니다. 교회의 대표자들이 병든 사람들을 보고는 엄중한 상황으로 인식하고 그들을 위해 기도하는 일이 많았고, 실제로 치유받은 사례도 많았다고 합니다. 어느 시대나 성도들은 병에 걸리는데 교회 지도자들은 이에 대해 관심을 기울여야 합니다.

초대교회에는 많은 성도가 도망 다니고 숨어 살았기 때문에 식생활이 불안정하여 영양실조로 병에 걸리는 사람이 많았습니다. 어떤 경우는 근심과 걱정, 불안과 두려움 등 심리적인 이유로 병이 생기기도 했습니다. 또한 여러 가지 죄 때문에 악한 영이 들어와 병이 생긴 경우도 있었습니다. 야고보는 이렇게 병이 생기고 연약해진 사람은 교회의 장로들을 청하여 기도를 받으라고 지도하는 것입니다. 교회 공동체는 하나님을 중심으로 하나가 되어야 합니다. 성도 중 기쁜 일을 맞이한 사람이 있으면 함께 축하해주고 하나님께 영광을 돌리며, 고난과 괴로움을 당한 사람이 있으면 함께 위로해주고 그를 위해 기도해주어야 합니다.

야고보는 질병에 걸린 성도가 지도자들에게 기도를 요청하면 그에게 기름을 붓고 기도하라고 합니다. 구약 시대에는 병든 사람에게 기름을 붓는 것이 전통이었습니다. 이 기름은 일반적인 것이 아니라 이스라엘에서 사용하는 아주 영적이고 거룩한 기름을 말합니다. 그런 기름을 아픈 곳에 바르면 기름 자체의 성능으로도 효과가 있습니다. 성도가 병에 걸렸을 때 그것이 몸에 들어온 악한 영에게서 왔든지, 또 심리적인 문제로 생겼든지, 또 다른 이유가 있든지 간에 교회 지도자들은 그를 위해 기름을 붓고 기도하라는 것입니다. 오늘날에는 기름을 붓지 않고 하나님께 은혜를 내려달라고 기도합니다.

또 초대교회에 많이 나타난 은사는 예언의 은사입니다(필립 샤프). 왜냐하면 성도들이 미래에 대해 늘 불안하고 걱정하고 염려하면서 앞으로 어떻게 될 것인지를 많이 고민하던 시대였기 때문입니다. 그래서 성도 중에는 예언하는 사람이 많았습니다. 빌립 집사의 네 딸도 예언자였습니다(행 21:9). 성도들은 예언을 통해 영적인 위로를 받았습니다.

세 번째로 많이 나타난 은사는 능력 행함의 은사였는데, 이것은 주로 귀신을 쫓는 은사입니다. 예수님이 이 땅에서 활동하셨을 때뿐 아니라 초대교회에도 귀신 들린 사람이 많았습니다. 그래서 그들 속에 있는 귀신을 쫓아내어 온전하게 회복시키는 은사가 필요했습니다. 그래서 이 은사를 받은 사람들은 능숙하게 사역을 감당해 성도들을 섬겼습니다. 하나님의 백성은 마귀의 통치에서 벗어나 참 왕이신 하나님의 관리를 받아야 합니다. 하나님은 항상 각 시대의 필요에 따라 적절하게 은사를 주십니다. 지금은 마지막 시대이기 때문에 하나님이 강하게 은사를 부어주시기를 원하시는 때입니다. 그래서 간절히 기도하고 바라면 하나님이 영적 은사를 마음껏 주십니다.

오늘날에도 병에 걸린 성도가 많은데, 교회 지도자들에게 병 고치는 은사나 귀신을 쫓아내는 은사가 있어서 그들을 치유해주고 회복시켜줄 수 있다면, 하나님의 이름이 높아지고 교회가 성장할 것입니다. 그런데 치유의 은사가 없어서 대부분 성도를 무조건 의료 기관에 보냅니다. 이것으로 진정한 치료가 이루어지지 않을 것이고, 또한 하나님의 살아계심을 체험시켜줄 수 있는 기회가 사라지는 것이므로 너무나 안타까운 일입니다. 야고보가 활동한 초대교회 시대에도 의사가 있었습니다. 그러나 야고보는 성도가 병에 걸린 문제를 지도자가 해결해주기 위해 기도하는 것이 필요하다고 가르치고 있습니다. 실제로, 19세기까지만 해도 우울증이나 정신질환 등의 치료를 교회가 맡아서 행했습니다. 목회자와 심리학자, 내과 의사가 구별된 것은 최근의 일입니다. 이전에는 육신의 의사, 마음의 의사, 영혼의 의사가 같은 사람이었습니다. 특히 고대 히브리인들은 사람을 하나의 통합체로 보았습니다(리차드 포스터).

15절 **"믿음의 기도는 병든 자를 구원하리니 주께서 그를 일으키시리라."** 기름은 사람이 바르지만 병을 고치는 주권은 주님께 있습니다(이상근). 하나님은 성도에게 있는 병이 치료되기를 분명히 원하십니다. 죄는 범죄한 사람의 영혼을 망가뜨리고, 질병은 사람의 육체를 망가뜨립니다. 치유를 받으려면 먼저 회개해야 합니다. 특히 마가복음 16장 17-18절은 "믿는 자들에게는 이런 표적이 따르리니 곧 그들이 내 이름으로 귀신을 쫓아내며 새 방언을 말하며 뱀을 집어올리며 무슨 독을 마실지라도 해를 받지 아니하며 병든 사람에게 손을 얹은즉 나으리라 하시더라"고 말씀합니다. 그러므로 지도자가 믿음으로 병자를 위해 기도하고, 또 기도받는 성도도 자신이 죄를 회개했고 지도자가 기도해주니 주님이 치료해주실 것이라는 믿음으로 기도를 받는다면 분명 치료의 역사가 있을 것입니다. 여기에서 믿음의 기도라는 것은 기도하는 사람이나 기도를 받는 사람이나 다 믿음으로 하나가 되었을 때를 말합니다. 이 구절에서 "구원한다"는 말은 병든 자를 낫게 한다는 뜻입니다. 주님이 "그를 일으키신다"고 하셨으므로 병든 사람이 낫는 것은 기도하는 사람이 고쳐준 것이 아니라 주님이 고쳐주셔서 치료된 것입니다. 또한 기도하는 자는 병이 낫든 낫지 않든 주님께 온전히 맡기는 자세가 필요합니다. 기도와 믿음은 하나의 형태로 발견되는데, 기도는 숨겨진 부분이요 믿음은 드러난 부분입니다(에프렘).

"혹시 죄를 범하였을지라도 사하심을 받으리라." 야고보가 이 말을 추가한 것은 병이 죄와 관계가 있을 수도 있음을 가르쳐주는 것입니다. 질병의 원인은 다양하지만, 신학적인 입장에서 질병의 궁극적인 원인은 인간이 하나님의 명령에 불순종하여 범죄했기 때문입니다(A. B. 심프슨).

"혹시"라고 했으므로 모든 병이 다 죄와 관계되어 발생했다고 볼 수는 없습니다. 또한 병이 그 사람의 죄와 상관관계에 있을 수 있음을 예측하는 말이기도 합니다. 병이 죄와 관련되어 있다면 그 죄가 사함받아야 한다는 것이고, 그러려면 회개가 우선되어야 합니다. 그래서 앞에서 말한 믿음의 기도에는 죄의 고백이 있어야 한다는 의미입니다. 기도의 기본이 회개인 것은 죄 있는 사람의 기도는 하나님이 받지 않으시기 때문입니다. 먼저 회개하고 하나님께 죄 용서를 받은 후 병이 낫기를 간구해야 하나님이 응답하셔서 병이 낫는 것입니다. 그래서 믿음의 기도는 반드시 회개가 포함된 기도라고 보아야 합니다.

믿음은 살아계신 하나님을 믿는 것으로, 회개하지 않은 죄인의 모습으로는 살아계신 그분께 나아갈 수 없습니다. 누구든지 하나님 앞에 서기만 하면 자신이 죄인인 것이 절실히 깨달아집니다. 그래서 기도할 때는 충분히 회개한 다음, 뒷부분에 한마디 간구하는 것입니다. 그러나 그 한마디의 간구에 강력한 하나님의 역사가 나타나는 것입니다. 죄를 고백하고 기도로 치료받았다면 그다음에는 주님께 헌신하겠다는 마음으로까지 나아가야 합니다. 진정으로 죄를 회개하고 새로운 사람이 되는 것에 관심 없이, 단지 치병에만 관심을 기울인다면 그것은 미신과 다름없습니다(A. B. 심프슨).

16절 "그러므로 너희 죄를 서로 고백하며." 이 본문에서 몇 가지 중요하게 생각해야 하는 부분이 있습니다. 먼저, 죄가 병의 원인이 될 수 있다는 부분입니다. 물론 실수로 몸을 다치거나, 불량식품을 먹어 소화기관이 문제를 일으키거나, 또는 가족력으로 병이 생길 수도 있습니다. 그러나 정확히 말하기는 어렵지만, 질병의 배후에 죄가 어느 정도, 아니면 전적으로 연관된 경우가 많습니다. 시기, 질투, 교만, 탐욕, 잘못된 맹세 등이 그 원인인 것입니다.

또 하나는 "죄를 서로 고백하라"는 부분입니다. 이것은 병의 원인이 사람에게 있다는 뜻입니다. 성도가 서로 다투고 싸우며 시기하고 원망했을 것이 분명합니다. 그래서 병에 걸린 사람은 이렇게 고백해야 합니다. 하나는, 자신이 피해자인 측면에서 생각합니다. 누군가가 나를 비난하고 혈기를 부리는 바람에 내가 심장이 떨리고 스트레스를 받아서 결국 앓아누웠는데, 나를 괴롭힌 (지금 여기 있는) 사람을 용서한다고 고백하는 것입니다. 다른 하나는, 자신이 가해자 입장에서 누구를 비난하고 따돌리고 교만하게 행했는데, 이렇게 병들어 누워 있으니(아마도 자신의 죄 때문인 것 같은데) '저의 잘못을 회개합니다' 하고 상대방에게 용서를 구하는 것입니다. 마찬가지로 병든 자를 찾아온 방문자도 그 병이 생기게 된 관계자라면 병든 자에게 용서를 비는 방법입니다. 그리고 서로 자기 책임이라고 하면서 서로를 북돋아주어야 합니다(매튜 헨리).

"죄를 서로 고백한다"는 부분에 대해 오해할 수 있습니다. 어떤 단체에서는 죄를 서로 고백하라는 이 말을 비약적으로 확대하여 해석해 발병의 원인이 된 당사자도 아닌데, 아무에게나 자신의 죄를 고백하게 하기도 합니다. 서로 마주 앉아서 자기의 죄를 다 고백하게 합니다. 특별히 성(性)적인 죄를 고백하도록 유도합니다. 이런 방법은 절대 좋지 않습니다. 죄와 관계된 적이 없는 불특정한 상대에게 자신의 죄를 고백하는 것은 큰 의미도, 유익도 없습니다. 죄 용서는 주님이 해주시는 것이기 때문입니다. 가톨릭에서도 사제에게 고해 성사를 할 때 익명으로 하여 비밀을 보장해줍니다. 성적인 죄가 노출되면 부작용이 클 수밖에 없습니다. 특히 거룩하지 않은 성도들은 죄를 발설하고 소문을 퍼트릴 가능성이 있기 때문에 파장이 큽니다. 자신의 죄를 노출한 사람도 불안하기는 마찬가지입니다. 또한 자신의 잘못을 고백했다가 도리어 관계가 더욱 악화되는 경우도 있습니다. 이런 말은 오히려 꺼진 불씨를 다시 타오르게 하는 우매한 행동입니다. 상대에게 죄 용서를 구할 때에는 겉으로 드러나서 관계를 악화시킨 문제에 대해서만 고백하며 사과해야 합니다.

성도들은 구태여 다른 사람의 죄를 알 필요가 없습니다. 다른 사람의 죄는 알아도 모른 척해주거나 덮어주는 것이 좋습니다. 그리고 그가 회개하여 고치기를 기도하며 기다려주어야 합니다. 그것이 죄를 범한 이웃에 대한 태도입니다. 죄악된 길을 가다가 자연스럽게 방향이 바뀌어 하나님께 회개하게 되는 것입니다.

중요한 것은 "죄를 서로 고백하며"에서 병의 근원에 죄가 있다는 것을 일깨워주는 것입니다. 주님은 처음 복음을 전파하실 때 "회개하라 천국이 가까웠느니라"고 하셨는데, 루터는 95개 조항의 첫 조항에서 이 회개는 전 생애가 참회되어야 함을 가리킨다고 했습니다. 하나님을 처음 믿었을 때, 회개한 후 살아가면서, 또한 범죄할 때마다 회개에 힘써야 구원이 온전해지며 성화되는 것이 기독교의 신앙입니다.

"병이 낫기를 위하여 서로 기도하라." 성도는 병이 낫기를 위하여 서로 기도해야 합니다. 교회 전체에는 육체적인 병과 영적인 병이 모두 있습니다. 기도는 하나님의 능력과 은혜가 내려오는 통로로써 인생의 고뇌와 문제와 질병을 담당합니다(바클레이). 그러므로 질병에 걸린 성도는 하나님께 기도하여 치료를 받아야 합니다.

"의인의 간구는 역사하는 힘이 큼이니라." 의인이 아닌 사람의 기도는 병이 낫는 역사가 약하지만, 의인이 기도하면 병이 치료되는 역사가 크다는 것입니다. 사도들이 기도할 때 능력이 나타났습니다(행 3:6-10). 하나님을 진실로 믿고 죄를 청산하고 깨끗해지면 의인입니다. 그런데 의인에도 수준 차이가 있습니다. 아주 훌륭한 의인이 있고, 어느 정도 훌륭한 의인이 있으며, 조금 훌륭한 의인이 있습니다. 이 세상의 모든 분야에도 수준 차이가 있습니다. 평범한 성도와 모세 같은 사람 사이에는 큰 차이가 있을 것입니다. 하나님은 60만 명의 히브리 사람보다 모세 한 사람을 더 귀하게 여기셨습니다. 하나님이 모세를 통해 행하신 기적과 이적은 셀 수도 없습니다. 블레셋과 싸운 단 지파 삼손은 유다 지파 3,000명보다 더 훌륭했습니다(삿 15:11). 진정한 의인일수록 하나님이 그의 기도에 응답해주셔서 하나님이 더욱 크게 역사하십니다. 진정한 의인이고 하나님과 관계가 가까우며, 병 고침의 은사나 귀신을 쫓아내는 은사가 강한 사역자라면, 그의 기도는 강력한 역사를 일으키는 무기가 됩니다. 그러나 아무리 능력이 강한 의인이 기도해주더라도 병은 자신의 죄와 관계가 있으므로 기도를 받는 사람의 회개가 우선입니다. 어느 시대나 의인이라고 불릴 만한 사역자가 있습니다. 그들은 그 시대에 활동하시는 하나님의 역사를 보여주는 주인공들입니다. 그러나 오늘날 교회 안에 세속적인 정욕과 타락, 형식주의, 불신앙이 자라면서 신유의 능력이 점차 사라졌습니다(A. B. 심프슨).

엘리야의 기도

17-18절 "엘리야는 우리와 성정이 같은 사람이로되 그가 비가 오지 않기를 간절히 기도한즉 삼 년 육 개월 동안 땅에 비가 오지 아니하고 다시 기도하니 하늘이 비를 주고 땅이 열매를 맺었느니라." 야고보서에는 성도의 행위에 대해 강조하는 말씀이 많습니다. 야고보는 이제 편지를 마무리합니다. 앞에서 그는 하나님 앞에서 서로 기도하라고 하면서 의인의 간구는 역사하는 힘이 크다고 했습니다. 그 의인의 대표로 엘리야를 예로 들어 설명합니다. 하나님의 큰 역사를 일으킨 의인은 성경에 많이 나옵니다. 아브라함, 모세, 다윗, 에녹, 노아 등 많은 인물이 있는데, 야고보가 엘리야를 꼽은 의도가 있을 것입니다. 그래서 엘리야가 어떤 인물인지를 깊이 살펴보아야 합니다. 본문에서는 엘리야에 대해 한 가지만 이야기합니다.

"우리와 성정이 같은 사람"이라는 표현은 바울의 말입니다(행 14:15). 정신적으로나 육체적으로나 우리와 다를 것이 없다는 뜻입니다. 야고보는 엘리야에 대해 그가 의인으로서 큰 역사를 일으킨 기도를 한 사람은 맞지만, 그의 본래 모습은 보통 사람과 전혀 다를 바가 없다는 것입니다. 야고보는 혹여 성도들이 그들 자신을 엘리야처럼 거룩한 사람과는 비교조차 할 수 없는 사람이라고 (스스로 생각)할까 봐, 엘리야는 비록 덕에서 그를 버금가는 사람이 없었지만 "우리와 똑같은 사람이라"고

덧붙인 것입니다(존자 베다).

야고보는 엘리야가 기도하니 "삼 년 육 개월" 동안 비가 오지 않았고, 다시 기도하니 비가 내렸다고 했습니다. 본문에 소개한 엘리야가 기도로 큰 역사를 일으킨 일화는 열왕기상 17장에서 더 자세히 기록되어 있습니다. 본문에서는 그 일화를 단 두 줄로 요약합니다. 엘리야가 비가 오지 않기를 간절히 하나님께 기도했더니 수 년 동안 비가 오지 않았고, 다시 기도했더니 하늘이 비를 내리고 땅이 열매를 맺었다는 것입니다. 다른 부연 설명 없이 이것으로 의인의 간구에 대한 설명을 마칩니다. 엘리야가 왜 비가 오지 않기를 기도했고, 왜 다시 비가 오기를 기도했는지 등은 전혀 언급할 필요가 없기 때문입니다. 엘리야는 오직 기도만 했습니다.

이 구절은 앞의 16절과 연결해서 이해해야 합니다. 16절에서 "그러므로 너희 죄를 서로 고백하며 병이 낫기를 위하여 서로 기도하라 의인의 간구는 역사하는 힘이 큼이니라"라고 말했습니다. 죄 때문에 질병이라는 문제가 생겼기 때문에 우선 병든 자나 기도자가 죄를 고백하고, 그 다음 순서에 병 낫기를 위해 서로 기도하라고 한 것입니다. 그런 과정을 거쳐 병이 나은 것은 의인의 간구가 역사하는 힘이 크기 때문이라는 것입니다. 즉, 죄인의 죄가 정리되어야 의인의 기도가 역사를 발휘한다는 것입니다. 그런 다음, 엘리야의 기도에 관해 야고보가 말하는 것입니다. 엘리야가 비를 멈추게 했다가 다시 비를 내리게 한 기도는, 역사하는 힘이 큰 의인으로서 병을 고치는 능력의 기도와 관계가 깊음을 알려주는 것입니다.

이렇게 생각했을 때 이 두 사건은 죄로 인한 하나님의 진노와 관계가 있다는 공통점을 발견할 수 있습니다. 어떤 성도가 죄를 범해 병이 생겼다면 이는 하나님의 진노입니다. 그래서 죄를 고백하여 의인이 되고, 지도자도 의인이 되어 함께 병을 위해 기도했더니 하나님의 진노가 풀려서 병이 나은 것입니다. 엘리야가 비가 오지 않기를 구한 것도 아합 왕을 위시한 이스라엘 백성의 죄 때문에 임한 하나님의 진노였습니다. 또한 엘리야가 우상숭배의 원흉들인 바알 선지자들을 죽인 것은 죄를 청산하기 위한 행위였습니다. 우상숭배를 처단하니 하나님의 진노가 풀렸고, 그다음 엘리야가 기도하자 다시 비가 내린 것입니다. 그러므로 야고보가 두 구절을 연결해 논리를 폈습니다.

이 내용이 정확한지 열왕기상 17장의 내용을 자세히 살펴보겠습니다. 열왕기상 17장 1절을 보면 "길르앗에 우거하는 자 중에 디셉 사람 엘리야가 아합에게 말하되 내가 섬기는 이스라엘의 하나님 여호와께서 살아 계심을 두고 맹세하노니 내 말이 없으면 수 년 동안 비도 이슬도 있지 아니하리라 하니라"라고 합니다. 이 구절에서 중요한 부분은 하나님이 직접 엘리야에게 아합에게 가서 이 말을 전하라고 하신 것입니다. 엘리야는 수년 동안 비도 이슬도 없을 것이라고 했습니다. 실제로 3년 반 동안 가뭄이 있었지만, 엘리야는 그 정확한 기간을 말하지 않았습니다. 하나님의 진노가 얼마나 오래갈지 아무도 몰랐습니다. 3년 반이라는 정확한 기간을 말하면 더 정확하게 예언을 선포한 엘리야의 이름이 높아졌을 수 있습니다. 그러나 엘리야가 "수년 동안"이라고 말함으로써 비를 다스리시는 분은 하나님이시지 자신이 기간을 정해 자기 힘으로 비를 멈추고 내리게 할 수 있는 것이 아님을 보여주는 것입니다. 비가 오지 않는 기간을 엘리야 마음대로 결정할 수 없고, 그가 아무리 예언자라고 해도 하나님이 알려주시는 것 외에는 알 수 없는 것입니다. 그는 오직 하나님이 보여주시고 말씀하시는 것을 전해주는 자일뿐이기 때문입니다.

비가 오지 않는 시점, 비가 다시 오는 시점을 하나님이 다 정하시고 하나님이 행하십니다. 모든 역사의 출발점은 하나님께 있습니다. 엘리야가 아합에게 말할 때 "내가 섬기는 이스라엘의 하나님 여호와께서 살아 계심을 두고 맹세"한다고 했습니다. 이 말은 하나님이 나타나셔서 아합에게 가서 전하라고 이 말씀을 주신 것이 확실하다는 뜻입니다. 그래서 모든 능력과 기적의 역사가 나타나는 기도는 항상 출발이 하나님이신 것이 중요합니다. 하나님이 행하시겠다고 먼저 말씀하신 것이 아닌 일을 우리가 전심으로 기도한다고 해서 하나님이 그 기도대로 해주시지 않는다는 것입니다. 하나님 나라의 역사는 이런 영적 순서로 진행된다는 것을 기억해야 합니다.

이에 대해 열왕기상 18장 1절을 보면 더 명확하게 알 수 있습니다. "많은 날이 지나고 제삼년에 여호와의 말씀이 엘리야에게 임하여 이르시되 너는 가서 아합에게 보이라 내가 비를 지면에 내리리라." 여러 해가 지난 어느 날, 하나님이 엘리야에게 다시 아합에게 가서 이제 비가 내릴 것이라고 전하라고 하십니다. 그렇게 전한 다음, 때를 맞추어 엘리야가 기도했더니 정말 비가 내렸습니다. 하나님이 때가 되어 비가 내리도록 다 준비해두신 다음, 엘리야에게 말씀하시고 행하셨기 때문입니다.

이 말씀을 통해 우리는 기도가 어떤 것인지를 다시 생각해보아야 합니다. 결국 기도는 우리의 의사를 하나님께 전달하는 것이 아닙니다. 하나님이 미리 계획하시고 생각하시고 뜻하신 바가 있습니다. 그것을 우리 인간이 하나님 앞에 순종하고 겸손하게 따라가다 보면 하나님이 우리를 사용하셔서 그분의 계획을 알려주시면서 사명을 주시는 것입니다. 우리는 하나님이 주신 사명을 그대로 행하고, 하나님의 때에 하나님의 계획대로 하나님이 이루시기를 간구하는 것이 진정한 기도라는 것입니다. 엘리야는 이 모든 말씀을 순종했습니다.

열왕기상 17장 2절에 "여호와의 말씀이 엘리야에게 임하여 이르시되"라고 나오는데, 1절에서는 여호와의 말씀이 임했다는 말이 없지만, 2절에 나오므로 1절 말씀도 여호와가 임하셔서 말씀하신 것으로 보아야 합니다. 1절에서 특히 중요한 부분은 비가 오지 않는다는 내용인데, 그런 말을 엘리야가 마음대로 할 수는 없습니다. 17장 8절에서도 "여호와의 말씀이 엘리아에게 임하여 이르시되"라고 합니다. 여호와의 말씀이 자주 엘리야에게 임하신 것입니다. 그 모든 말씀을 엘리야는 그대로 순종합니다. 17장 14절에서도 "이스라엘의 하나님 여호와의 말씀이 나 여호와가 비를 지면에 내리는 날까지 그 통의 가루가 떨어지지 아니하고 그 병의 기름이 없어지지 아니하리라 하셨느니라"라고 합니다. 여호와가 말씀하시고 여호와가 직접 기름과 가루를 떨어지지 않게 하셨습니다. 이 사건에서는 엘리야가 별도로 기도하지도 않고, 오직 하나님의 말씀만 전했는데 이루어졌습니다. 18장 1절 말씀도 많은 날이 지난 후 여호와가 엘리야에게 "이제 비를 내린다"고 전하라 하셨습니다. 이는 엘리야가 가뭄에 시달리는 사람들을 불쌍히 여겨서 먼저 기도를 시작한 것이 아닙니다. 또 가뭄으로 시달린 지 1년이나 2년이 지났을 때 기도한 것도 아닙니다. 그때 설령 비가 오게 해달라고 기도했어도 하나님이 들어주지 않으셨을 것입니다. 하나님의 뜻이 아니고 하나님의 때가 되지 않았다면 아무리 간절히 기도해도 응답될 리가 없습니다. 오직 하나님의 때가 차서 하나님이 비를 주신다고 먼저 말씀하셨을 때, 엘리야가 하나님의 뜻을 전하고 여러 과정을 거친 후 기도함으로 하나님의 약속대로 비가 내린 것입니다.

다시 본문으로 돌아와 야고보서 5장 16절과 17절은 서로 연결되어 있는데, 바로 죄를 서로 고백하고 병이 낫기를 위해 서로 기도하라고 합니다. 가뭄이 든 것은 땅이 망가진 것이고 비가 오면 땅이 회복되는 것처럼, 병이 생긴 것은 사람의 몸이 망가진 것이고 병이 나으면 몸이 회복되는 것입니다. 우리 인간의 몸도 땅입니다. 흙으로 만들어졌기 때문입니다. 의인의 기도가 역사하는 힘이 크다고 했고, 그 대표가 엘리야의 기도이므로 엘리야의 기도처럼 기도하면 병이 낫는다는 것입니다. 하나님의 진노로 이스라엘 땅에 가뭄이 들었는데, 이는 죄 때문이고 사람의 몸도 죄 때문에 망가진 것입니다. 죄는 하나님의 진노를 불러오는 고약한 통로입니다. 그러므로 회복은 죄를 회개하여 용서받아야 가능하다는 것입니다. 단순히 엘리야가 기도한 것이 중요한 것이 아니라, 기도하는 지도자나 기도를 받는 사람이나 의인이 되는 것이 중요합니다. 또한 하나님이 정하신 뜻에 따라 기도하는 것입니다. 엘리야가 보여준 기도의 능력은 모든 성도에게도 가능합니다(댄 매카트니).

엘리야가 비가 오게 해달라고 기도하기 전에 어떤 회개를 했는지 살펴보면 회개의 중요성을 더욱 실감할 수 있습니다. 비가 오게 해달라고 기도하기 전에 엘리야는 갈멜산에서 이방 신의 제사장들과 겨루어 이겼고, 수백 명의 이방 신 제사장들을 기손 시내로 끌고 가 다 죽여 강에 물이 아닌 피가 흐르게 했습니다(왕상 18:40). 하나님이 이것을 회개로 받아주신 것입니다. 우상숭배로 진노하심을 받았으니 원인 제공자를 처단하는 것이 지름길입니다. 그 후 엘리야에게 비가 내리기를 위해 기도하라고 하시고, 엘리야가 기도하자 비를 내리신 것입니다. 모든 주도권은 하나님이 가지고 계신다는 것이 중요합니다.

그러므로 우리가 기도할 때 하나님이 먼저 말씀하신 적도 없고 하나님의 계획이 아닌데도, 우리 뜻대로 응답해달라고 기도하면 하나님이 응답하지 않으십니다. 히브리서 11장 말씀을 자세히 살펴보면 믿음의 기도라고 하는 것은, 출발을 항상 하나님이 먼저 하시고 그 후에 사람이 하나님의 뜻을 분별하여 거기에 맞춰 기도했을 때 하나님이 응답해주셨습니다. 우리가 진정한 의인이 되려면 죄와 싸우고 죄를 죽여야 합니다. 의인이 된 후 하나님이 말씀하시는 대로 그 뜻에 따라 순종하면 하나님이 놀라운 역사를 이루어가시는 도구로 사용해주십니다. 능력과 권세가 나타나지 않고, 기도 응답을 받지 못하는 사람의 특징은 하나님 말씀에 귀 기울이지 않고, 자기가 먼저 출발하고 계획을 세우며 달려가고, 무엇보다 죄를 씻어내지 않는다는 것입니다. 의인이 아니면 기도의 역사가 크지 않습니다. 사실 엘리야는 이십사 장로 중 한 사람이라고 해도 손색이 없는 선지자라 할 수 있습니다.

주께 돌아오다

19절 **"내 형제들아 너희 중에 미혹되어 진리를 떠난 자를 누가 돌아서게 하면."** 야고보가 "형제들아"라고 불렀는데 이들은 생명책에 이름이 있는 택한 백성, 하늘에 속한 성도를 가리킵니다. 여러 사정으로 이방 땅 곳곳으로 흩어졌지만, 끝까지 주님을 섬기며 살아가는 초대교회 성도들을 말합니다. 그러나 그 공동체에서도 미혹받아 하나님을 떠난 사람이 있었습니다. '미혹'은 잘못된 가르침, 비(非)진리를 따라가는 것을 말합니다. 단순히 일정 기간 교회에 나오지 않는 것을 말하는 수준이 아닙니다. 진리가 아닌 것에 미혹되어 주님의 명령을 뒤로하고 제 갈 길로 간 사람이 초대교회 안에 있었다는 사실이 놀랍습니다. 이 사람들은 이단에 미혹되어 그런 것인데, 이것은 마귀가 미혹하는 것입니다. 마귀는 사람의 생각이나 감정에 영향을 줄 수 있습니다. 예수님을 오래 믿고 중요한 직분을 맡은 사람이라도 이런 비(非)진리를 따르는 경우가 많습니다. 이런 사람은 어느 시대나 있습니다. 그래서 가르침을 받을 때 그것이 성경적인지, 하나님의 영광을 위하는 내용인지를 분별해야 합니다. 아무리 복음을 받아들였더라도 어느 날 진리에서 떠나면 생명책에서 이름이 지워지고, 죽은 다음 지옥에 떨어집니다. 진리에서 떠나는 것은 하나님께 조금 책망을 받고 상급이 줄어드는 정도의 징계로 마무리되는 가벼운 문제가 아닙니다. 구원의 길이 함몰되는 심각한 죄입니다. 이런 죄인을 구원하는 유일한 수단은 진리밖에 없습니다(렌스키). 입에 발린 말처럼 한 번 구원은 영원한 구원이 아닙니다. 오늘날 교회에 출석하지도 않고 믿음에서 멀어지는 사람들이 급속하게 증가하고 있습니다. 그러다가 죽을 때까지 교회 출석이나 주님을 섬기는 증거가 없다면 구원을 보장할 수 없습니다.

신앙생활을 하는 중 미혹당하는 자는 그 사람 속에 이미 미혹의 영이 많아서 그런 것입니다. 미혹의 영이 역사하는 것은 이미 그 사람 속에 있는 미혹의 영을 회개하지 않았으므로, 미혹의 영이 힘을 얻어 진리가 아닌 말에도 쉽게 미혹되도록 조종하는 것입니다. 악한 자가 거짓된 것을 가르칠 때 미혹의 영이 역사하는데, 그 안에 있는 미혹의 영이 그 비(非)진리를 끌어당기므로 미혹에 빠지는 것입니다. 특히 오랫동안 우상숭배를 했으면서 깊이 회개하지 않은 가문 출신이라면 더욱 조심해야 합니다. 자신이 영적으로 깨끗해지고 미혹의 영이 별로 없다면 미혹이 다가와도 분별할 수 있어 빠지지 않습니다. 예수님을 오랫동안 믿은 가문 출신들은 거의 대부분 쉽게 미혹되지 않습니다. 여기서 "누가"는 성도들을 가리키는 말이며, 미혹된 자를 건져내기 위해 성도들은 총동원하여 최선을 다하라는 것입니다.

20절 "너희가 알 것은 죄인을 미혹된 길에서 돌아서게 하는 자가 그의 영혼을 사망에서 구원할 것이며 허다한 죄를 덮을 것임이라." 죄인을 미혹된 길에서 돌아서게 하려면 말이 필요합니다. 앞에서 여러 차례 혀를 절제해야 한다고 말했던 야고보는 서신을 마무리하면서 훌륭한 혀, 또는 꼭 필요한 말에 관해 이야기합니다. 즉, 서신 처음에는 사악한 말, 무의미한 말을 하지 않도록 혀를 통제하라고 했습니다. 그런데 다시 처음으로 돌아가서는 혀를 어떻게 사용해야 하는지를 다시 보여주는 기회로 삼습니다(존자 베다). 혀는 이럴 때 사용하는 것이라고 가르쳐줍니다.

"너희가 알 것은", 즉 미혹된 사람을 돌아오게 하려는 사람이 꼭 알아야 하는 것이 있다고 말합니다. 미혹된 자는 죄인이고 미혹하는 죄가 이미 있었기 때문에 미혹되었다고 보아야 합니다. 미혹되는 사람은 죄를 많이 지었고, 그로 인해 악한 영이 그 속에 많았습니다. 그런데 그런 사람을 주님께 다시 돌아오게 하는 사람이 있습니다. 그런 사람은 이 본문 말씀을 기억해야 합니다.

"그의 영혼을 사망에서 구원할 것이며"라고 말하는데 미혹된 사람, 죄인, 진리에서 멀어진 사람은 결국 사망에 떨어지고 지옥에 갈 것입니다. 그런 사람을 그 길에서 돌아오게 한다면 그를 사망에서 구원하는 것이라는 말입니다. "돌아서게 한다"는 것은 회개를 말합니다. 회개 없이는 돌이키게 하지 못합니다. 분명, 회개로 그 죄가 덮어질 것입니다(매튜 헨리). 이 일이 무엇보다 귀합니다. 선조의 죄가 많을수록 악한 영이 그 환경 속에서 강하게 역사하는 것은 당연하고, 그렇다면 많이 회개해야 합니다. 이방 신을 섬기던 사람은 그의 속에 악한 영이 많아서 영적이고 신비적인 것을 좋아하므로 영적이고 신비가 많은 교회에도 관심을 갖습니다. 그래서 그런 사람은 교회에 다니면서 열정적으로 충성하고 영적인 것을 사모합니다. 그러나 전에 이방 신을 섬겼던 것을 돌이키기 위해 회개하지 않으면 또다시 쉽게 거짓에 미혹될 수 있습니다. 무당 중에는 교회에 다녔던 적이 있는 사람이 상당수라는 것에서 쉽게 알 수 있습니다.

사도 야고보는 흩어져 있는 초대교회 성도들을 향하여 이 서신을 쓰면서 좋은 말, 격려의 말로 끝을 맺을 수 있었습니다. 그러나 미혹되어 구원에 문제가 생긴 사람들이 있다는 말로 끝맺는 것은 그만큼 그 당시에 많은 죄를 짓고 미혹된 사람이 많았고, 그런 사람들이 교회에 큰 문제가 되었기 때문입니다. 성도는 끝까지 자신을 살피고 죄를 회개하여 말씀에 바로 서서 믿음에서 떨어지는 일이 없도록 해야 합니다. 또한 믿음에서 떠난 자를 다시 돌아오게 하는 자는 그를 수렁에서 건져내어 구원시킨 것이나 다름없으므로 즐거울 것입니다. 구원받은 자는 그의 "허다한 죄"가 덮어집니다. 회개했기 때문에 주님의 은혜로 감추어지고 없어진 것처럼 된 것입니다. 그러므로 성도에게 가장 큰 상급이 되는 재료는 많은 영혼을 구원의 길로 인도하는 행동입니다. 다른 사람을 구원하기 위해 힘쓰고, 자신의 구원을 위해 경주하는 것이 인생에서 가장 빛나는 일입니다(참조. 단 12:3).

함께 읽으면 좋은 책

구대일, 『거룩한 몸부림』, 멘토, 2005.

김석곤, 『깊은 생활 회개기도문』, 유하, 2024.

댄 메카트니, 『야고보서』, 부흥과 개혁사, 2016.

더글라스 데일즈, 『하나님께로 돌아가는 길』, 유하, 2024.

도널드 거스리, 『사도들』, 아가페, 1991.

래리 크레이더, 『신앙의 기초 세우기』, 순전한 나드, 2013.

렌스키, 『히브리서 야고보서』, 백합출판사, 1976.

리차드 엑슬리 외, 『유혹을 이기는 목회자』, 은성, 1995.

리처드 마우, 『왜곡된 진리』, 도서출판 CUP, 2003.

리처드 포스터, 『기도』, 두란노, 2005.

마이클 리브스·림 체스터, 『종교개혁 핵심질문』, 복 있는 사람, 2017.

마이클 윌킨스, 『제자도』, 은성, 1995.

매튜 헨리, 『야고보서』, 기독교문사, 1979.

바클레이, 『야고보 베드로전후서』, 기독교문사, 1983.

박윤선, 『히브리서 공동서신』, 영음사, 1978.

벵겔, 『히브리서 야고보서』, 로고스, 1991.

세바스티안 부로크, 『시리아 교부들의 기도와 영성』, 은성, 1993.

아빌라의 테레사, 『기도의 삶』, 크리스챤 다이제스트, 2012.

아타나시우스, 『성 안토니의 생애』, 은성, 1995.

양영태, 『영성에의 초대 (3)』, 코이노이아 영성원, 2014.

에이 비 심프슨, 『신유』, 은성, 1999.

원종천, 『칼빈과 청교도 영성』, 하나, 2002.

윌리엄 거널, 『그리스도인의 전신갑주 (1)』, 크리스챤 다이제스트, 2014.

이상근, 『공동서신』, 총회교육부, 1980.

정동진, 『깊은 우상숭배 회개문』, 유하, 2024.

제럴드 브레이, 『교부들의 성경주해 신약성경 Ⅷ』, 분도출판사, 2015.

조셉 얼라인, 『회개하지 않는 자에게 보내는 경고』, 크리스챤 다이제스트, 2015.

존 베일리 외, 『금욕주의』, 지평서원, 1993.

존 칼빈, 『기독교강요 요약』, 크리스챤 다이제스트, 1986.

최영기, 『교회는 병원이다』, 요단, 2006.

파울 알트하우스, 『루터의 신학』, 크리스챤 다이제스트, 2008.

필립 샤프, 『사도적 기독교』, 크리스챤 다이제스트, 2004.

하워드 L. 라이스, 『개혁주의 영성』, CLC, 1995.

한완상, 『예수 없는 예수교회』, 김영사, 2008.